AF598947

La última vez que fuimos niños

Ángela Sannuti

La última vez que fuimos niños

Perder el miedo para abrazar la vida

A Linda y Giuseppe

© Ángela Sannuti, 2024
© Ediciones Kōan, s.l., 2025
c/ Mar Tirrena, 5, 08912 Badalona
www.koanlibros.com • info@koanlibros.com
ISBN: 978-84-10358-21-8 • Depósito legal: B-8256-2025
Diseño de cubiertas de colección: Claudia Burbano de Lara
Ilustración de la cubierta: Eileen Corse
Maquetación: Cuqui Puig
Edición: Victoria Riobó

Impresión y encuadernación: Romanyà Valls
Impreso en España / *Printed in Spain*

Todos los derechos reservados.
Cualquier forma de reproducción, distribución, comunicación pública o transformación de esta obra solo puede ser realizada con la autorización de sus titulares, salvo excepción prevista por la ley. Diríjase a CEDRO (Centro Español de Derechos Reprográficos, www.cedro.org) si necesita fotocopiar o escanear algún fragmento de esta obra.

1ª edición, mayo de 2025

Índice

Introducción 9

En esta vida, en este mundo 11
Madurar es despertar a la Vida 17
Lo que llamamos educación 25
Solo vine a ver el jardín 33
El revés de la trama 41
Nuestra esencia original 55
Un rompecabezas para a(r)mar 61
Un niño nos llama 67
Los depredadores 71
Donde caen las sombras 85
Un corazón en invierno 91
El diario de los sentimientos no vividos 105
El coraje de ser humanos 113
En el reverso del cielo 123

Desanudar el corazón 133
Una vida interrumpida 145
Donde es necesario estar 157
Perder el miedo 169
Todo nuevo bajo el sol 179
Pequeño pájaro de la felicidad 185
Siempre estamos naciendo al amor 195
El abrazo 201

Sobre la autora 203
Bibliografía 205

Introducción

Tenemos muchas razones para confiar en nosotros mismos, a pesar de la educación limitante con la que nos formatean y de una cultura estandarizada que fragmenta y cristaliza nuestra identidad más profunda, convirtiéndonos en caricaturas de lo humano.

Aun con las mejores intenciones, la psicología convencional ha subrayado demasiado el drama humano, lo que no siempre nos ha permitido liberarnos del sufrimiento y la confusión que esto acarrea.

Despertar a lo que realmente somos es nuestra tarea más importante aquí, en este plano de la existencia. Todos contamos con la guía interna de nuestra sabiduría profunda. Para ello es necesario desentrañar los autoengaños y engaños externos que nos mantienen sumidos en una ceguera emocional y espiritual.

Mi intención con estas páginas es poner luz en lo que sí traemos desde que venimos a este mundo: nuestras cualidades y nuestras herramientas preciosas para descubrir a ese «niño primordial» o «niño esencia» que llevamos dentro.

Se habla mucho del arquetipo del «niño herido», pero olvidamos nuestro niño primordial, el que es puro reflejo de nuestro Ser esencial. El niño al que alude el título de este libro nada tiene que ver con la idealización de la infancia ni con su dramatización más oscura.

La última vez que fuimos niños es una invitación a recordar nuestra esencia original y a tomar consciencia de que detrás del «niño herido» que todos hemos padecido, hay un niño íntegro, lleno de cualidades que nos pertenecen y que jamás hemos perdido. La Vida siempre generosa; con sus infinitas vicisitudes, no hace más que mostrarnos el camino para reencontrarnos con nuestra potencia original.

No es necesario seguir buscando fuera de nosotros mismos, porque ya nos fue dado todo lo necesario para reflejar nuestra propia luz.

Nuestro cuerpo y nuestra mente son instrumentos potentísimos, si aprendemos a vivirlos desde nuestro centro de gravedad, desde nuestro Ser.

El libro se despliega en dos planos de escritura: por un lado, la información racional y científica, que nos invita a comprender desde la lógica; y, por otro, un plano contemplativo, que no razona, sino que «ve» con el alma y el corazón.

En este recorrido, he sumado el testimonio de la sabiduría de los niños en dos recopilaciones de frases que fui reuniendo a lo largo de los años. Ellas revelan una mirada lúcida sobre el mundo adulto y sobre las preguntas esenciales que nos atraviesan como seres humanos.

Las frases intercaladas entre capítulos son invitaciones a meditar sobre nosotros mismos. La propuesta central es perder el miedo a mirar hacia nuestro interior, porque una vez que atravesamos las capas superficiales que lo oscurecen todo, es allí donde encontramos las respuestas para nuestras preguntas.

En esta vida, en este mundo

Se dice, y es verdad, que precisamente antes de nuestro nacimiento un ángel de las cavernas apoya un dedo sobre nuestros labios y dice: «...calla, no digas nada de lo que sabes». Por eso nacemos con una fisura en el labio superior, sin recordar nada del sitio de donde provenimos.

MAURICE MAETERLINCK

Desde que nacemos ya no es posible esconderse. Nadie recuerda si preguntamos algo al nacer. En este espacio incierto y limitado, entre cielo y tierra, nace el mayor de los misterios.

Con un prístino soplo vital navegamos a mar abierto... «y la nave va».

Todo viaje, tarde o temprano, siempre es un viaje de descubrimientos y hallazgos. ¿Se puede naufragar en este viaje?

Inventamos brújulas y mapas para no perdernos, y cuando la gravedad nos sumerge en el reverso del cielo buscamos en las estrellas lejanas y cercanas esa gracia llamada levedad.

Vivir siempre comienza con un acto de fe. ¿Hay alguna otra manera de emprender con entusiasmo un viaje? Los sueños que urdimos, las ilusiones que nos seducen y nuestros inquietos e incesantes anhelos nos empujan a atravesar esos estrechos límites de nuestra existencia.

Existimos en forma de personas, envueltos en la corriente del vivir; nos asustamos, nos perdemos y nos volvemos a encontrar, ya no en el mismo lugar, ya no con la misma mirada ni con el mismo sentir.

Nos fue dado un lenguaje cuyo alfabeto es nuestro cuerpo, nuestro corazón y nuestra mente, instrumentos finitos hechos de pura memoria que apenas nos dan indicios de esa inmensidad que nos mece.

Nadie en esta vida quiere sufrir voluntariamente, nadie desea cometer errores, ninguno de nosotros tiene el propósito de fracasar. Cabe preguntarse, entonces, ¿por qué sufrimos, por qué cometemos errores, por qué fracasamos?

¿Qué nos hace humanos? ¿Quizá el coraje de estar en este mundo, en esta vida, con estos ojos, con este corazón, anclados en lo pequeño, con el ansia de lo infinitamente grande?

El coraje es una antigua danza y danzamos para recordar.

Descubrir la bienaventuranza de ser humanos es nuestro mayor regalo.

El coraje de ser humanos

El ser humano es la forma más perfecta que la naturaleza ofrece a la Vida.

Proverbio de sabiduría perenne

¿Cómo es posible abrazar esta vida inmensa que nos fue dada, si ni siquiera sabemos quiénes somos, cuál es nuestra verdadera naturaleza —cómo estamos hechos—, de dónde venimos, dónde estamos y hacia dónde vamos?

¿Cómo podemos abrirnos a la vida en lugar de temerla? ¿Cómo disfrutarla en lugar de padecerla y cómo explorarla en lugar de evitarla?

«Estamos hechos solo de cualidades.»[1] Solo que no lo sabemos, pues muy tempranamente aprendemos a vivir identificados con nuestras limitaciones, con nuestros defectos y con carencias de todo tipo. Seguimos respondiendo automáticamente a un nombre que nos fue dado, a una fecha de nacimiento, a los años transcurridos en los que vamos escribiendo nuestra historia, a rasgos de personalidad, una máscara que solo muestra la periferia de lo que realmente somos.

¿Se puede crecer y florecer libremente dentro de muros tan estrechos?

Navegamos en un mar de ignorancia, nos llenamos de respuestas heredadas y aprendidas por otros, pero no comprendidas por cada uno de nosotros.

Nuestra sociedad es la suma de «niños asustados, dependientes e invalidados» que imitan ser adultos.

¡Hay tanto por descubrir y tanto para aprender!

El problema humano es el sufrimiento, todo el resto son ramificaciones que se van entrelazando y entretejiendo en nuestras biografías.

Sufrimos, es verdad, y raramente el gozo de vivir nos inunda el corazón. Pero no sufrimos porque somos defectuosos o incompletos, esta es la creencia más férrea con la que nos han educado generación tras generación, siglos tras siglos.

---

1. Antonio Blay.

Todos vivimos apoyándonos en creencias hasta que despertamos a la verdad de las cosas y de la vida; pero ¿cómo opera en nosotros esta creencia falsa, que se hace carne en nuestro diario vivir? Creer que somos un error de la naturaleza, que nos definen la carencia y la ausencia es encorsetar nuestro corazón y bloquear nuestra imperiosa necesidad de crecer y desarrollarnos. La fuente de conflictos no son nuestros anhelos más genuinos, nuestros deseos llenos de vida y nuestros sueños inconfesados, es la impotencia y el miedo a vivir lo que nos dejan a la intemperie, con tanta invalidación y con una pobre comprensión de lo que nos hace humanos.

Sufrimos porque aún no somos completamente humanos.

Vivimos por el hábito de vivir, en un estado de inconsciencia y apoyados en automatismos que llamamos supervivencia. Cuando se vive en estado de supervivencia se vive en el miedo y el miedo es el origen de una manera empobrecida de vivir. Una huida o un ataque constante, sutil o evidente, que moldea nuestros comportamientos. Hay muchas formas de huir, pero solo hay una manera de quedarse: hurgar bajo las apariencias de la debilidad, de la impotencia, las apariencias de ser incompletos. Atacamos y herimos cuando nos sentimos al margen de nuestra propia vida, secuestrada por la angustia y el desasosiego de no poder vivirla.

La sabiduría es un profundo estado de comprensión del significado maravilloso de la Vida. Mientras no descubramos ese significado no es posible amar la Vida.

¡Tenemos tanto miedo a perder la vida pero apenas si la amamos!

Todas las dificultades que se nos presentan en nuestra existencia, sin excepción, tienen un solo origen: nuestra necesidad de crecimiento. Detrás de cada acontecimiento, de cada experiencia y de cada encuentro, por más dolor que nos traiga, siempre late una necesidad de crecimiento, seamos conscientes o no.

¿Alguien alguna vez nos explicó que venimos a vivir una experiencia profunda de aprendizaje que se llama evolución?

La verdadera inteligencia es aprender y no hay nadie en este mundo que no tenga algo que aprender.

Aprender será siempre la forma más sabia de vivir.

Aprender es evolucionar. El ser humano es un ser de transición. Nuestra existencia es atravesar edades, etapas, maduraciones.

¿Qué es lo que necesitamos aprender? Todo aquello que nos convierte en humanos.

Es necesario aprender a amar nuestra condición humana, aceptar sus desafíos, sus riesgos y, sobre todo, apropiarnos de los recursos aún desconocidos y sin explorar, las inmensas posibilidades que la vida de humanos nos trae.

Es tanto el miedo a equivocarnos, el miedo a decepcionar a quienes amamos, el miedo a sufrir por no encajar en moldes preestablecidos por una supuesta «normalidad», a no ser perfectos —como no lo es ninguno de los que nos rodean— y tantos, tantos otros miedos no dichos que nos van atrincherando en la ignorancia y el sufrimiento.

No es la ausencia de errores lo que nos desarrolla, sino la búsqueda entusiasta del comprender que, de nuestras debilidades, de cada límite que nos aprisiona, de nuestra vulnerabilidad y fragilidad aceptada con benevolencia y generosidad, florecen nuestros dones y cualidades.

Sufrimos porque aún no hemos desarrollado nuestro gigantesco potencial. Cuando en lugar de huir y flotar en la superficie de la propia existencia, mirando siempre hacia afuera y poco enterados de lo que acontece dentro, empezamos a descubrimos de la piel para adentro y nos sumergimos en las profundidades de las riquezas que albergamos, cuando no dejamos que este mundo nos vuelva insensibles o que el sufrimiento de la pérdida nos vuelva rencorosos, resentidos, o que la amargura de la derrota nos robe la alegría de vivir, y cuando no permitimos que nada ni nadie nos transforme en lo que no queremos, entonces el misterio de vivir florece y nos entrega sus secretos milagros.

Madurar es despertar a la Vida. Lo sepamos o no, lo vislumbremos o no, nuestra vida aletargada solo busca despertar.

Entonces sí acontece el milagro y empezamos a ser humanos: cuando poco a poco o repentinamente abrimos los ojos de par en par y todo nuestro viejo arsenal de defensas con sus murallas se derrumba, el tesoro que todos buscábamos afanosamente está allí esperándonos desde siempre.

Se despierta el poder natural de cada una de nuestras células, se despierta el potencial adormecido de nuestra mente hipnotizada por tantos cuentos, se despierta la inmensidad de lo que verdaderamente somos. No obstante los muros que nos encierran, el dolor, el sufrimiento, el vivir rutinario y sinsentido, hay susurros de una Vida desconocida pero anhelada, hay «relámpagos de lo invisible»[2] de una dimensión que nos habita y que nos hace plenamente humanos.

Este es el comienzo de nuestra aventura humana.

---

2. Olga Orozco.

Madurar es despertar a la Vida

La vida es un juego de dimensiones que aún no hemos aprendido a jugar.

Sabiduría perenne

Todo viaje es siempre un viaje interior. Cualquier búsqueda que emprendamos en la vida, por más externa que nos parezca, siempre se apoya en nuestra interioridad.

La fuente de todo lo que somos, hacemos y tenemos está dentro de nosotros y no fuera. Este es el primer descubrimiento que inicia nuestro verdadero despertar a la Vida.

Estamos tan adiestrados desde pequeños a mirar hacia afuera, tan entrenados en tratar de encajar en moldes ajenos e impuestos, que nuestra mirada se ha extraviado y se ha eclipsado nuestra inteligencia primordial.

Respetar y acompañar los procesos propios de maduración y crecimiento es el arte de la verdadera educación. Los adultos siempre estamos educando, hagamos lo que hagamos y seamos conscientes o no; nuestra función siempre será emancipar y no domesticar.

El juego de la Vida es crecer y desarrollarnos, madurar y despertar a aquello que no vemos, que aún no sabemos pero intuimos. Siempre habrá cielos más allá de los cielos.

Todo en la Vida es expansión y crecimiento. Estamos tan atrapados por el miedo que solemos ver tan solo limitaciones y carencias.

Explorar nuestro cuerpo físico, descifrar nuestra dimensión psicológica es parte del juego cotidiano de la vida, y cuando los ojos del alma se abren de par en par, se revela un mundo infinito que nos estaba esperando.

Cuando solo vemos con «los ojos de nuestros sentidos» y con «los ojos de nuestra mente», apenas percibimos la punta del iceberg. En lo profundo yace el tesoro por descubrir.

La realidad humana está tejida con muchos elementos visibles y palpables, pero las raíces que la constituyen son un universo sutil.

Cuando nacemos a este plano de la existencia, en cada uno de nosotros va creciendo un niño físico, un niño psicológico y un niño espiritual; dimensiones visibles e invisibles entrelazadas en una unidad asombrosa que nos sostiene.

Es la Vida misma la que pulsa dentro de nosotros, y desde el primer latido hasta el último, hay en todo ser humano una ley impresa a fuego: ninguna edad, ninguna etapa, ningún ciclo de la vida biológica, psicológica y espiritual puede ser superado hasta que no se haya completado. Todo ciclo vital tiene un principio y un final, empieza y termina para dar lugar a nuevos comienzos, más ricos y complejos. La vida en nosotros suma, no resta.

Y no hay nada más invisible que las evidencias: nuestra biología, nuestro psiquismo son el alfabeto con el que vamos escribiendo nuestro desarrollo y evolución. El cuerpo es un lenguaje, la mente es un lenguaje, y el lenguaje es metáfora; y si hay metáfora, hay indicios de otras dimensiones por explorar en nosotros.

Todos estamos destinados a evolucionar, nadie se puede perder en el camino, aunque las apariencias de estancamiento nos engañen.

Nuestra biología pone fin a la niñez con la llegada de la pubertad —nos guste o no, no lo podemos elegir—: se crece y el crecimiento es lineal.

A nivel psicoafectivo, en cambio, no ocurre de igual modo: vamos pasando de una etapa a otra sin haberla concluido, sin haberla desarrollado y completado, lo hacemos a medias, arrastrando de una etapa a otra retazos sueltos y sin integrar.

Es la sabiduría implícita de la Vida la que nos empuja a repetir esos patrones emocionales tan incómodos y aquellas dinámicas psicológicas incomprensibles que nos hacen sufrir tanto. Hasta que no hayamos completado lo que quedó inconcluso en su momento, no hallaremos esa serenidad interior que todos anhelamos.

Nuestra vida tendría que ser progresiva y no repetitiva. La Vida en nosotros siempre tenderá a hacernos crecer y a desarrollarnos.

En nuestro psiquismo conviven un niño que no completó su niñez, un adolescente que sofocó su nueva oportunidad de despertar y un adulto desorientado y demandado por ese niño y ese adolescente que continuamente están pidiendo permiso para desplegar lo que quedó pendiente en ellos.

Los ciclos vitales son personales en su trazado íntimo, no hay una sola manera de crecer y manifestarse. Uno de los problemas básicos que plantea la educación en nuestra cultura es la uniformidad, la homogeneidad que reprime la singularidad con la que cada ser viene a este mundo.

Si diéramos voz al niño, nos diría: «Ayúdenme a vivir cada etapa de mi vida a mi propio ritmo. No me obliguen a lo que aún no es para mí. Solo muéstrenme el camino». Y un adolescente que despierte de su letargo diría: «Déjenme explorar el mundo por mí mismo. No menosprecien mi sensibilidad y mi autonomía para decidir la vida que quiero vivir».

¿Qué distorsión se produce en nuestro camino de crecimiento para que, con el paso de los años, la vida esté construida sobre tanta fatiga y tanto miedo, para que nuestros actos diarios sean tan estereotipados, nuestro lenguaje pierda riqueza, nuestro diálogo se vea empobrecido y lo creativo no encuentre lugar?

No hay nada más agotador y sombrío que una cultura que no juega, que no disfruta; el juego y el disfrute abren las puertas a una vida gozosa y creativa.

¿En qué momento dejamos de jugar, de amar la Vida y de amarnos por lo que somos?

La impotencia, la pasividad, el aburrimiento, la desmotivación son el resultado de una educación que nos bloquea en nuestra manera singular de experimentarnos a nosotros mismos y a la Vida que nos abraza.

Todos somos dignos y valiosos, pero desde el comienzo de nuestra vida solo podemos saberlo por el modo en que hemos sido tratados.

¿Por qué nos estancamos en nuestro desarrollo psicológico, en nuestro crecimiento emocional y afectivo?

Porque tempranamente se bloquea la herramienta más potente que al ser humano le fue dada: la capacidad de aprender.

Tanto castigo, tanta exigencia para ser de una determinada manera y no de otra, tanta invalidación cuando nos equivocamos que, poco a poco, nos convertimos en seres poco confiables para nosotros mismos y nos proyectamos de cara a un mundo amenazante, en lugar de un mundo acogedor y amistoso.

El niño psicológico es el niño que habita en nuestro interior y que aún no completó su niñez.

Si no completamos nuestra niñez, tampoco completamos nuestra adolescencia y, mucho menos, nuestra adultez.

Nosotros, los adultos, creemos que hemos construido un mundo plenamente adulto, cuando en realidad tendríamos que aprender a verlo como un gran jardín maternal. La inmadurez emocional e intelectual del mundo adulto es la raíz de todos los problemas que enfrentamos como sociedad. Lo que llamamos crisis sociales, económicas, culturales o políticas no son más que el desenlace lógico e implacable de no hacer uso pleno de las cualidades que la madurez emocional, intelectual y espiritual traen consigo.

¿Qué es ser un niño? ¿Qué tipo de experiencia es necesaria, dónde comienza y dónde termina la niñez?

El niño es un ser feliz y lleno de vida: su lenguaje primario es jugar y amar. Es pura esencia. Y su esencia está hecha solo de cualidades, como la Vida misma.

Eso que somos es lo que nuestra alma trae y brilla con plenitud en el alma de cada niño: alegría pura, ojos nuevos y llenos de asombro, curiosidad para explorar y experimentar, vitalidad y espontaneidad en el actuar, simplicidad en el sentir y manifestarse, una confianza y un amor sin límites que solo busca abrirse camino y abrazar el mundo que lo rodea.

¿Qué queda en nosotros de todo ese mundo mágico y milagroso, que ni siquiera llegamos a desplegar en todo su esplendor?

Todo niño nace inocente. Lo que recibe del mundo externo queda tatuado en su mente, su corazón y su cuerpo como una verdad incuestionable, porque es lo único que conoce. Si crece rodeado de cariño y respeto, esa será su verdad; si, en cambio, recibe descuido, desconsideración e irrespeto, asumirá que el mundo es así y aprenderá a habitarlo de ese modo. Los niños aprenden imitando el mundo adulto.

No es extraño, entonces, que en la pubertad empiece un repliegue y una renuncia casi resignada a la oportunidad de oro de expandirse que ofrece la adolescencia, porque ese es el destino natural de esta etapa. Sin embargo, al adolescente lo van acorralando miedos e inseguridades que no son propios, sino adquiridos. Así, el adulto —quien más quien menos—, queda atrapado en una docilidad acomodaticia en la que de vez en cuando aparecen algunos susurros de rebeldía tardía e infructuosa, que no son más que el eco de una nostalgia profunda por aquella riqueza vital con la que llegó al mundo.

¿Por qué tendríamos que ser felices? ¿Por qué tendríamos que ser inteligentes? ¿Por qué tendríamos que ser amorosos? Nos preguntamos con curiosidad y desamparo. Lo más difícil de entender para un adulto es la alegría, que es inteligencia amorosa. Y sabemos que hay algo que se nos escapa en cada instante y que todo lo que ignoramos de nosotros es nuestra mejor parte y la más verdadera.

Lo más extraño de todo es el afán y la lucha constante a la que nos vemos obligados para conseguir lo que simplemente ya traíamos con nosotros. Son los niños que nos habitan los que guardan la llave que perdimos en el camino y que nos abrirá la puerta para volver a nuestro hogar, del que nunca tendríamos que habernos ido.

Nosotros somos hogar, siempre lo fuimos y lo que buscamos es volver a él. Pero, antes que nada, es necesario despertar.

Como era en un principio

La Vida busca la Vida. Mil nombres y mil manifestaciones para ese latido eterno y profundo que siempre nos guía.

Lo que llamamos educación

Yo solo quería ser yo misma. Tengo una nostalgia dolorosa de mí.

EDITH BRUCK

La educación que comienza puertas adentro —lo que llamamos crianza—, es la que luego se proyecta y se amplifica puertas afuera, en la sociedad.

La mirada estrábica con la que la cultura convencional aún hoy sigue separando y disociando lo privado de lo público, negando las íntimas conexiones entre lo personal y lo colectivo, no hace más que fomentar una sociedad habitada por individuos desorientados y confusos que elaboran a tientas programas y estrategias educativas que caducan con el paso del tiempo y no se renuevan.

¿Cómo puede el mundo adulto ser un referente lúcido y una guía sólida y afectuosa para los más pequeños cuando no lo es para sí mismo?

Empezar a tener una comprensión profunda de la realidad; comprender quién soy, qué es esta vida, qué estamos haciendo aquí; para qué se vive o por qué se muere, para qué se vive sin saberlo o por qué se está muerto sin que se tenga consciencia de ello son las cuestiones humanas esenciales que tendrían que ser los cimientos de todos los procesos pedagógicos que se diseñen. Nosotros, los adultos, siempre estamos respondiendo, una por una, a esas cuestiones esenciales con la propia experiencia de vida, imposible de disfrazar, encubrir o falsear para los ojos de un niño. Lo que los niños ven es nuestra manera de ser y de estar en este mundo.

Es la vida misma de los adultos la que educa y no las teorías y los discursos educativos, religiosos o morales. Es nuestra sabiduría o nuestra ignorancia de vida la savia con la que nutrimos o contaminamos el alma infantil.

Si observáramos con los ojos bien abiertos nos daríamos cuenta de que lo que llamamos educación no suele ser una fuente de crecimiento y transformación.

A medida que vamos atravesando las etapas de la vida, hemos ido clausurando esa frescura, ese fondo original que todos traemos y en el que anidan las semillas de todos nuestros dones.

¿Por qué en lugar de actualizar y desarrollar lo que ya traemos y somos, cada edad que alcanzamos representa la pérdida casi irrecuperable de otra?

Nadie nos explica nuestra grandeza, una grandeza que nunca nos muestran y que cada uno trae consigo. Los sistemas educativos que fomenta la sociedad son sistemas rígidos cuya prioridad —como sucede con todo lo rígido— es moldear y manipular el alma del niño, en lugar de potenciar el despliegue de su originalidad y su propio genio.

Un sistema que juzga, limita y empobrece el mismo proceso de crecimiento humano; bastaría con respetar la singularidad de cada niño y acompañarlo, no para reprimir o censurar, sino para apoyar el potencial que anida en él y que busca manifestarse.

Los adultos que habitamos este mundo somos la consecuencia visible de sistemas educativos, sociales, religiosos que, en lugar de formar, deforman la belleza de lo humano. Y es esto precisamente lo que hemos venido a experimentar y disfrutar.

Seguimos anclados en miradas estrechas acerca del devenir humano y de la Vida, con un cúmulo de creencias obsoletas, de conceptos tradicionales que debilitan y anestesian esa vitalidad genuina con la que venimos a desplegar y explorar, cada cual a su manera, la aventura de vivir.

Cuestionarnos las cosas no es un lujo, es una necesidad.

¿Por qué a los adultos nos encanta encontrar respuestas pensadas por otros, esas que nos conducen a una vida imitativa, repetitiva y ajena, en lugar de atrevernos a preguntar y permitir que cada pregunta traiga respuestas propias, en las que resuena nuestra voz única y que iluminan nuestro propio camino?

¿Qué es más importante? ¿Que el niño comprenda el mundo de los padres y educadores o que los padres y educadores comprendan el inmenso universo del niño?

Los adultos llevamos mucho tiempo familiarizados y adaptados a una forma de civilización para la cual ningún ser pequeño está preparado: un mundo carente de vitalidad, asediado por miedos, sentimientos de culpa y de vergüenza y raramente con algunos susurros de gozo e intensidad vital.

El adultocentrismo que rige gran parte de los sistemas educativos y de crianza va de la mano de una adultez autorreferencial que, sin saberlo, no completó su propia niñez ni la propia adolescencia.

¿Cómo se ayuda a un niño a entrar en ese mundo? Forzándolo a adaptarse a una sociedad cuadriculada y estandarizada, basada en una supuesta normalidad saturada de conceptos y clasificaciones en todas las áreas del devenir humano, cuya finalidad es encorsetar y aprisionar, en lugar de potenciar esa espontaneidad vital con la que un niño brilla e ilumina el mundo opaco de los adultos.

La perplejidad surge de manera inevitable cuando repasamos los manuales de psicopatología vigentes: ¿cómo es posible que no podamos ver con otros ojos lo que se esconde detrás de toda manifestación humana que rompe con la norma? Nos asustamos como cuando éramos niños. En lugar de que nos ayuden a comprender aquello que nos perturba como parte de la vida misma y no su contrario, aprendimos a rechazarlo y etiquetarlo en nombre de la «bienintencionada» salud mental, para que nada se escape por sus bordes.

Como lo expresara Krishnamurti: «No es sano adaptarse a una sociedad profundamente desequilibrada y enferma».

¿Dónde comienza la educación?

Se supone que, como seres humanos maduros, los adultos deberíamos ayudar a los niños y a los más jóvenes a crecer y a desarrollarse en su singularidad como seres libres, integrados y creativos.

El despliegue de la propia singularidad solo es posible cuando podemos comprender todo el proceso de amoldamiento e imitación que condiciona nuestras vidas. La mayoría de nuestras conductas se basan en la imitación y en la copia repetitiva de viejos moldes que nos mantienen atados al mandato de lo que ha sido o de lo que debería ser.

¿Cómo puede un padre o un maestro condicionado por prejuicios, afirmaciones irracionales, lealtades ciegas que se transmiten de generación en generación, sin un mínimo cuestionamiento, generar seres reflexivos y autónomos en su pensar y en su sentir?

¿Dónde comienza la educación? En el interés profundo y verdadero de los padres por sus hijos, en capacitarlos para experimentar en libertad la Vida integralmente, como seres humanos totales, despiertos y en una búsqueda personal y creativa de las respuestas a los interrogantes esenciales de nuestra compleja y misteriosa existencia.

¿Con quiénes se encuentra un niño, sea en al ámbito familiar como social y educativo? En la mayor parte de los casos, con adultos necesitados, inestables e inseguros que no completaron su propia niñez.

Se invierte el sentido de la educación. La piedra angular no es aceptar, acompañar y apoyar lo mejor que cada ser encierra y exponerlo a la luz del sol. Esos niños disfrazados de adultos, con sus mejores intenciones, viven a la espera de que esa pequeña presencia, luminosa y espontánea, venga a colmar las viejas expectativas del adulto que no maduró o a endulzar las amarguras acumuladas por tantas desilusiones e incluso dar sentido a una adultez que aún no descubrió el gozo de vivir.

¿En qué consiste el sistema educativo actual? En el adiestramiento estrictamente técnico-racional, que disocia y excluye del aprendizaje la rica interioridad afectiva y emocional con que cada ser pequeño viene a este mundo. Aún hoy se continúa desarrollando el intelecto sin la armoniosa calidad del afecto.

El adiestramiento del intelecto no da como resultado la verdadera inteligencia, la sabiduría de vivir. Es la afectividad cultivada y cuidada la que da sentido a la inteligencia de los seres humanos.

La verdadera inteligencia adviene cuando uno actúa integradamente con el cuerpo, el corazón y la mente. La inteligencia sola no existe. De hecho, en nuestra sociedad hay grandes intelectos carentes de sabiduría, mentes brillantes sin dicha creativa.

En realidad, somos puro cerebro y poco corazón, y de esta manera queremos resolver los grandes problemas de la vida.

La gran carencia de la educación es la ausencia de la exploración de nuestra interioridad, de la riqueza del lenguaje corporal, del conocimiento de nuestro bagaje de las emociones y los sentimientos que sustentan un verdadero saber integrado, para que de este modo la mente vuelva a ocupar el lugar que le corresponde.

¿Se puede aprender de verdad cuando se deja de lado el cuerpo, las emociones y el sentir profundo?

A causa de un aprendizaje fragmentado y disociado, hemos desarrollado mentes hábiles y astutas, cada vez más especializadas y compartimentadas, pero sin esa comprensión integradora que nos ayuda a un buen vivir.

Con este modelo de educación se van cortando las raíces de nuestra vitalidad, de esa conexión íntima con nuestros dones. Es por eso que de adultos acudimos a todo tipo de ayuda terapéutica, talleres de autoconocimiento o búsquedas pseudoespirituales para recuperar lo que traíamos al nacer. Es una de las tantas paradojas de nuestro diario vivir.

Lo que somos como personas es mucho más importante que el debate tradicional de qué enseñarle a un niño. Cuando nosotros mismos, como adultos que somos, seamos íntegros, vivamos despiertos y con sabiduría, entonces sí la acción de educar no consistirá meramente en impartir conocimientos externos, llenar de informaciones superficiales e irrelevantes, sino en cultivar la propia interioridad, que es donde está el verdadero tesoro de lo humano.

El conocimiento y la información siempre serán externos. La sabiduría, en cambio, está dentro de nosotros y florece en la dimensión más profunda del ser humano.

Una educación humanizadora se basa en la experiencia de lo vivido y no, precisamente, en la transmisión de preceptos y dogmas carentes de significado y ejemplaridad, como suele fomentar el paradigma cultural vigente. ¿Quiénes son los auténticos referentes educativos y culturales que contribuyen a nuestra formación humana? Aquellas personas que viven lo que enseñan.

El interés vital de todo ser humano, tenga la edad que tenga, es su deseo de ser y manifestarse. Se trata de una dimensión silenciosa e invisible que sostiene nuestra corporalidad y nuestro psiquismo. Los griegos lo llamaban *nous* y lo contiene todo: nuestra esencia pluripotencial aún ignorada e incluso menospreciada, tanto por la ciencia tradicional como por los sistemas educativos y religiosos que sirven al orden establecido.

Si realmente quisiéramos dar origen a una nueva y verdadera educación, no centraríamos nuestro interés exclusivamente en cómo educar a los hijos, en qué enseñarle al niño, sino en incluirnos a nosotros los educadores «puertas adentro y puertas afuera» como parte fundante y no instrumental.

¿Cómo podemos ayudar al niño a comprender lo que nosotros mismos aún no hemos comprendido y vivido?

Son llamativos el afán y la exigencia puestos en cómo educar a los hijos; raramente nos planteamos si nosotros hemos completado nuestra propia formación humana, si hemos cultivado nuestro desarrollo interior y encontrado las herramientas necesarias para crear condiciones de vida más humanas y dichosas para favorecer el crecimiento y el resplandor de verdaderos individuos y no de piezas eficientes que solo encajen en el sistema.

Educar es ayudar a despertar a la Vida. Para despertar a otros, antes que nada tenemos que estar despiertos nosotros mismos.

Solo vine a ver el jardín[3]

A esta hora de la tarde
desde este punto del mundo
yo deseo agradecer el divino laberinto
de las causas y de los efectos.
Por la diversidad de creaturas
que componen este singular universo.
Dar gracias deseo
por el amor, que nos hace ver
a los demás como la divinidad los ve
y por los niños, que son
nuestras deidades domésticas.

Mariangela Gualtieri,
«Bello mundo»

Como «deidades domésticas» brillan e iluminan con su presencia gigante nuestra pequeñez adulta. Una presencia con luz propia, visible por el resplandor de una vida recién estrenada y abierta al descubrimiento, pero también oculta a los ojos que no ven la grandeza que encierra esa pequeñez con sus primeros latidos.

---

3. Alejandra Pizarnik.

Una pequeña presencia llena de promesas, que busca expandirse; una presencia frágil y necesitada de brazos abiertos, de miradas tiernas y receptivas, de otra presencia humana que la acoja y no la expulse.

La desnudez con la que nacemos cuando llegamos a este mundo nos muestra que todo lo que necesitamos para realizarnos como seres humanos está dentro de nosotros. No nacemos con ningún artificio extraño para vivir. La verdad de lo que somos late íntegramente en nuestro corazón. Luego nos educan y comienza el exilio, nos empezamos a sentir ajenos a nosotros mismos y terminamos siendo extranjeros en nuestro propio territorio.

Con el paso de los años, nos sentimos vacíos, desorientados, poco dignos y valiosos. Intentamos afanosamente encontrar nuestro lugar en el mundo, que nunca hallaremos hasta que no volvamos a nuestro propio hogar: ese mundo íntimo y precioso que como un jardín solo necesita florecer y dar al mundo sus aromas y su propia singularidad.

Desde el primer día ponemos en juego todas nuestras posibilidades y, como una pequeña planta, no hacemos más que buscar el sol para seguir viviendo.

Lo único que necesitamos es un nido, una tierna acogida que pueda nutrir las semillas de ese infinito potencial que traemos con nosotros y que ya está latiendo en nuestra singular esencia, destinada imperiosamente a florecer.

La adaptación temprana

¿Cómo se va desarrollando ese potencial original que todo niño trae desde el principio? ¿Qué experiencias, qué relaciones debería tener una persona desde la infancia para desplegar una subjetividad que lo acerque a sí mismo y no lo aleje cuando, al mismo tiempo, debe adaptarse al mundo que lo rodea?

¡Qué paradoja, la del nacimiento humano! Infinitamente grande el potencial con el que nacemos e infinitamente pequeño cómo se nos revela en el comienzo de cada vida. Un potencial de energía, amor y sabiduría gigantesco que, como pequeñas semillas, solo necesitan unas manos receptivas, unos ojos atentos y un corazón tierno e inteligente que sepa intuir esa presencia prodigiosa, casi imperceptible del alma infantil.

En el momento de mayor vivacidad, de mayor contacto directo con nuestro fondo original de dones y cualidades, somos colocados bajo la dependencia de un mundo adulto que, desconectado ya de su propia esencia, alejado de ese fondo primordial que todo lo contiene, apenas intuye la grandeza que viene a desplegar un recién nacido. No vemos más allá de lo visible, y únicamente si coincide con lo esperado y soñado por parte de quienes lo reciben. Solo un adulto que ha integrado su propia niñez con sabiduría, con su sensibilidad viva y consciente, se estremece y se conmueve ante esa grandeza que resuena en lo más recóndito del ser del niño pero que no encuentra aún un lenguaje límpido que lo exprese.

Un ser tan necesitado de apoyo, de sostén y cuidado permanente y, a la vez, tan potente con su prometedora presencia.

Desde hace siglos, el discurso sobre la infancia sigue subrayando más su inmadurez que su potencialidad.

Con esta misma mirada, abordamos la vida en todas las áreas de la salud: vemos solo rastros oscuros en las patologías que tan minuciosamente se describen en los manuales de salud mental y que, cada vez más, alcanza edades tempranas. Descripciones carentes de una comprensión humanizadora que capte el don o las cualidades ocultas que quedaron bloqueadas o sofocadas detrás de esa máscara de dolor.

Confundimos la inmadurez física y la vulnerabilidad emocional del niño con pobreza y carencia de dones propios e ignoramos su extraordinaria precocidad de talentos naturales y su inmensa sensibilidad.

Solo bastaría tener presente que la frecuencia vibracional del cerebro de un niño en sus primeros años es cuarenta veces más veloz que la del cerebro adulto, por lo cual su capacidad de recibir información y aprender es enorme. Paulatinamente, ese ritmo se va ralentizando y nuestra capacidad de percibir y sentir se van opacando.

Qué arraigada sigue estando en la sociedad la creencia de que educar a los niños es llenar sus tiempos y espacios con cientos de estímulos externos, distrayéndolo e inhibiendo su capacidad de autodescubrimientos y asombro. Se ignora así el universo que ya habita el alma infantil, invisible para los ojos del adulto, más empeñado en entretenerlo con ruidos conceptuales y juegos imitativos que, lejos de estimular su creatividad, lo fuerzan a responder mecánicamente y no a interactuar con afecto inteligente.

¿Qué sucede cuando ese ser en pleno devenir se encuentra con un mundo adulto desconectado de sus propios dones y alejado de su propia subjetividad?

Adultos cuyos sentimientos y necesidades primarias quedaron sin atender y sin una respuesta satisfactoria en su propio desarrollo no harán más que pasar por alto esos mismos sentimientos y necesidades en los propios hijos. Ciegos y sordos emocionalmente a nuestras propias necesidades, muertos de miedo y desorientados, taponamos con cuentos educativos todo lo que cada niño tiene para revelarnos.

Al respecto, Françoise Dolto reflexiona de este modo: «Todo aquel que se consagre a escuchar la respuesta de los niños es un espíritu revolucionario. Las otras supuestas revoluciones no cambiarán nada».

El mundo de los niños es un mundo mágico e imaginario, y mucho más real que nuestra estrecha y monótona realidad adulta. La mayoría de las veces se reconoce su creatividad si es de provecho y beneficio para los adultos.

¡Qué soberbia la nuestra, que reducimos toda expresión infantil a un mundo inconexo y sin contenido!

Lo imaginario en el ser humano es de un poder enorme y está en su mayor despliegue en los primeros años.

Con cuánta soltura y disfrute natural un niño pequeño anima y desarrolla una vida imaginaria que seguramente está más conectada con lo real y es mucho más coherente que nuestro mundo caótico, carente de toda lógica y sabiduría; un mundo desvitalizado y desconectado de la real realidad.

En lugar de permitirles ser lo que son, a través de la confianza, el respeto del camino y ritmo propios, bloqueamos su singularidad, acentuando la imitación y el instinto gregario.

Los niños siempre están lanzando destellos de una inteligencia viva porque se encuentran en la fuente misma de la vida: todo niño tiene un lenguaje y se expresa, se comunica con los demás todo el tiempo. Si nuestra escucha fuese escucha, nos percataríamos de que son ellos los que hacen las verdaderas preguntas y buscan respuestas que los adultos no poseemos.

Gran parte de la sociedad aún no es consciente de la riqueza del lenguaje infantil y de cómo sufre un niño cuando no es escuchado, no es comprendido en sus necesidades o es ignorado en sus sentimientos. Tanto la sobreprotección como el abandono son formas de una profunda desconexión de la interioridad del niño: o se caricaturizan sus necesidades o se las desprecia.

Al nacer ya estamos enteros, pero bajo una forma donde todo está por advenir.

¿Somos conscientes de que la mayor parte del esfuerzo de adaptación corre siempre por parte de los niños?

Ningún niño quiere ser rechazado, ni menospreciado ni odiado, por lo tanto, lo que le queda es subordinarse al adulto.

Lo que llamamos educación sigue siendo una forma de amoldamiento, de adiestramiento, y una adaptación forzada, regida por adultos desamparados que perdieron el contacto íntimo con su propia niñez. Así como fuimos sacrificando silenciosamente nuestra propia niñez para sobrevivir y acomodarnos a las exigencias del mundo externo, también silenciosamente —e inconscientemente en la mayoría de los casos— forzamos una adaptación temprana y a destiempo en el mundo emocional del niño, el primer lenguaje con el que estructura su subjetividad, un lenguaje que teje, antes que nada, con su propio cuerpo.

El destino reservado a todo niño depende de la actitud de los adultos, lo aceptemos o lo neguemos.

Todos los seres, sin excepción, son acreedores al nacer del derecho de ser amados. Esto significa ser tomados en serio en sus necesidades físicas y emocionales, en recibir el cobijo material y psicológico necesario para desarrollar una seguridad interior y una autoconsciencia sana.

No hay padres buenos o malos o educadores buenos o malos, hay adultos inmaduros e ignorantes de la realidad esencial de la vida y adultos sabios y maduros, cuya herramienta más poderosa es su escucha atenta, con todo su ser y no solo con su mente, la observación benévola e inteligente y, fundamentalmente, una presencia empática y no dominante.

El revés de la trama

Mi historia está en mis manos y en las manos con que otros la tatuaron

Olga Orozco

Con la primera pulsación de vida, comienza a plasmarse la trama de nuestro destino. Los significados que nuestros sentidos y nuestro pensar le van otorgando a cada acontecimiento tejen, a su vez, el revés de esa trama. ¿Cuál de las dos configura nuestra verdadera historia de vida? ¿Por qué necesitamos tanto tiempo y esfuerzo para abrir los ojos a la realidad que nos forjó?

Culturalmente se sigue banalizando la infancia, sea negando su importancia, sea idealizando un paraíso que nunca existió.

Hay personas que quieren saber, antes que nada, lo que les ocurrió en sus años infantiles para hallar la llave que les permita comprender su destino de adolescente y de adulto, y poder transformarlo. Pero hay una gran mayoría que niega y no quiere saber nada de su pasado temprano y fundante.

¿Por qué? Porque han crecido en un entorno sin empatía ni comprensión hacia las vicisitudes y dolores de la infancia. Gran parte de la sociedad funciona de este modo, y la mayoría carga con una soledad muy profunda, un vacío de amor que nada ni nadie puede colmar hasta tanto sigamos dando la espalda a ese niño que fuimos, que solo necesita nuestro abrazo, nuestra propia empatía y comprensión. Vinimos a desarrollar nuestras cualidades innatas, como la alegría y la sabiduría que otorga la comprensión de amor. Y cuando lo hacemos, descubrimos que toda carencia y todo vacío son temporales, no tienen por qué convertirse en un destino permanente.

Visitar nuestro pasado infantil nos permite reconocer los vacíos de nuestra infancia, solo así podemos ir descubriendo cómo llenarlos, recuperando a ese niño lleno de vida que quedó escondido dentro de nosostros.

Lo advirtamos o no, el pasado siempre nos está visitando; una visita inoportuna para muchos, porque aún desprecian o subestiman el tesoro interior que quedó sepultado bajo el dolor y el sufrimiento infantil.

Mucho se ha escrito sobre este aspecto tan importante, pero casi siempre desde los ojos del adulto. Como sabemos, una teoría no es más que un punto de vista: ¿qué puede ver un adulto que ha sepultado los sentimientos y anhelos más primarios de su propia infancia? No puede sino proyectar sus miedos y las ansias de sus asuntos pendientes sobre el alma infantil, y hablar en su nombre.

Son nuestra ceguera emocional y nuestros bloqueos mentales los que no nos permiten ver y descubrir el inmenso potencial que late en cada uno de nosotros, no obstante los obstáculos y las trabas que una educación estrecha interpone en nuestro desarrollo. Es llamativo que sigamos insistiendo en nuestras imposibilidades y limitaciones, convirtiendo libros y manuales de psicopatología en «biblias de salud mental». ¡Y el tesoro permanece oculto!

La contracara de esto es un falso positivismo e idealismo que con pensamientos mágicos pasa por alto las vicisitudes dolorosas de la infancia, en lugar de atravesarlas.

Cuando miramos con los ojos de adultos la realidad infantil, convertimos nuestros propios bloqueos en limitaciones universales bajo el disfraz de saber científico o apelamos a fórmulas mágicas sin sustento y desconectadas del verdadero poder que otorga sanar nuestro pasado.

Los destinos trágicos de las personas nos cuentan las barbaries cometidas en la infancia, pero también nos hablan de la búsqueda inclaudicable de todo ser humano, que solo necesita completar el camino trunco de su niñez.

Una vida se empieza a comprender si estamos dispuestos a tomar en serio sus inicios y a mirarlos con los ojos del niño que fuimos y que aún nos habita.

Para ello es necesario apelar a la infancia como una fuente de recursos y no como un tortuoso laberinto del que no podemos huir.

El desamparo existencial

Antes era perfecto, haber nacido me arruinó la salud.

Clarice Lispector

Cuando el dolor y el sufrimiento quiebran nuestra quietud interior, rara vez nos percatamos de que, por debajo de toda turbulencia emocional y sentimental, subyace una sensación aguda e intensa que ahoga las palabras y nos deja a la intemperie de la vida y de nosotros mismos.

Es el desamparo existencial que todos experimentamos al nacer y que ya nadie recuerda, pero sigue punzando en las napas de nuestro inconsciente, y cada vez que las capas tectónicas de nuestra existencia tiemblan y se resquebrajan, aflora con toda su intensidad.

Lo llamamos angustia, desasosiego o desamparo. Son nombres que apenas nos alcanzan para apaciguar su impacto en nosotros.

Los nombres que damos a las cosas solo nos tranquilizan por un momento, nos orientan, pero no evitan que las vivamos.

En todos nosotros hay una sensación de desarraigo tan poderosa que, sin saberlo, nos acompaña gran parte de la vida; algunos son más conscientes de ella que otros, y cada cual le pone un nombre según su idiosincrasia. ¿Acaso nos está señalando una dimensión de nosotros mismos ignorada y olvidada?

Un árbol profundamente enraizado florece, es firme y abundante. ¿Cuál es la raíz que nos sostiene a nosotros para crecer? ¿Dónde hemos puesto las raíces de nuestra existencia?

No puede haber desarraigo sin la experiencia previa de haber habitado un lugar, un territorio, aunque ya no estemos allí.

Así como los nubarrones densos y grises cubren un día soleado, al nacer, el desamparo y la angustia nos atraviesan el corazón y los sentidos. Perplejos y asustados, pasamos por una puerta estrecha y nacemos. Entramos en este mundo que no siempre nos acoge y nos mece en sus brazos, y, por el apremio de vivir, vamos dando la espalda a ese bello sol interior que siempre habitó nuestra alma.

El desamparo psicológico

Desde nuestra temprana niñez empezamos a obedecer fantasmas que, en nombre de la educación, nos fuerzan a ignorar esa esencia que traemos y nos sostiene. Muchos padres impulsan a sus hijos a realizar lo que juzgan mejor para ellos mismos, en lugar de dejar que sean sus hijos quienes elijan cómo desarrollar sus propios deseos.

Todo niño viene a explorar el mundo con sus sentidos, con todo su cuerpo y con la herramienta más poderosa e inteligente que posee, su curiosidad. Solo busca experimentar y aprender, jugando y amando; pero quienes lo rodean no le otorgan el espacio específico y el tiempo necesario para que crezca pacíficamente.

Al niño se lo empuja, con mayor o menor consciencia, a vivir en el mundo de los adultos. ¿Alguna vez hemos escuchado en nuestros primeros años que alguien nos dijera: «Has venido a este mundo a disfrutar y a ser feliz»; «Nosotros estamos aquí para acompañarte en todo lo que hagas, respetando primero tu espacio, para que luego aprendas a respetar a los otros»; «Cuando no sepas o no encuentres las respuestas a tus preguntas, cuentas siempre con nuestra ayuda».

Si se nos niega, ya desde pequeños, la libertad de explorar y equivocarnos —que es la manera más humana de aprender—, se va bloqueando nuestra autonomía y creatividad. Lo que denominamos bloqueos o carencias son vacíos de experiencia en nuestra niñez no vivida. Tarde o temprano vuelven en forma de angustia, soledad, desamparo, desorientación, y nos desestabilizan fuertemente en la adolescencia, la adultez y, sobre todo, en la vejez. El propósito de las crisis que experimentamos en nuestra vida no es hacernos sufrir, traen vientos de renovación y, si lo permitimos, toda crisis es transformadora y curativa; ahora somos nosotros los que podemos acompañarnos con ternura y profunda empatía y así poder completar nuestra niñez y madurar.

Nadie puede imaginar la soledad emocional que enfrenta un niño frente a sus necesidades más primarias, esa misma soledad emocional que subyace en el desamparo psicológico que arrastramos a lo largo de nuestra adolescencia, de nuestra adultez y nuestra vejez.

El desamparo existencial es propio del devenir humano, el desamparo psicológico lo generamos nosotros con nuestras ausencias y desatenciones, con nuestra indiferencia, con nuestra hostilidad y menosprecio ante las necesidades del niño.

Nos esforzamos constantemente por encajar en el molde familiar y social al que llegamos; es tal el ansia de pertenecer y estar en este mundo que ya desde muy niños hacemos lo imposible para ser aceptados y aprobados. Nos amoldamos y con un gran esfuerzo de adaptación emocional perseguimos la ilusión de hallar finalmente nuestro lugar en el mundo.

Pero nuestra «tierra prometida» nunca estuvo fuera de nosotros mismos.

En esa inquietud existencial caben todos los nombres con los que intentamos encapsular el malestar y la infelicidad que describen los manuales de salud médica, psicológica, psiquiátrica y afines con tanta pulcritud y asepsia.

El sufrimiento infantil solo puede ser captado en su verdadera dimensión cuando escuchamos al niño asustado y desorientado que llevamos dentro, que nunca se alejó de nosotros y que nos habla a través de su propio lenguaje emocional y, sobre todo, a través de nuestro cuerpo. Las emociones siguen vivas en nuestro inconsciente, son las mensajeras que nos acercan la historia vivida por nosotros cuando éramos esos niños solos y llenos de miedo porque no encontrábamos un lugar donde sentirnos a gusto y seguros.

Vivir exiliados de nuestra interioridad es el germen de todas las distorsiones mentales que nos hacen sufrir.

Educar no es colonizar; es abrumador el peso de una educación y un sistema que muy tempranamente va suprimiendo las raíces de lo vivo, las raíces de nuestra singularidad, que es lo que de verdad ensancha o rompe los moldes de una supuesta normalidad. La normalidad de los adultos no subraya lo singular, lo sofoca.

El funcionamiento psíquico normal que llamamos personalidad es un sistema de respuestas aprendidas. Las aprendemos antes de que nuestros ojos puedan ver, antes de que nuestros oídos puedan escuchar y de que nuestra piel pueda sentir. Desplegamos personajes que se superponen unos a otros, según la ocasión, en busca de un mundo que nos apruebe, nos acepte y nos integre. Lo mejor, lo más creativo y auténtico de nosotros suele quedar afuera de ese mundo y no sabemos por qué nada ni nadie calma nuestro descontento.

Funcionamos mal porque vivimos en un estado crónico de enajenación: en lugar de acoger y comprender con ternura nuestro desamparo existencial y psicológico, lo propagamos con más miedo y con una exigencia ciega de sobreadaptación que roza la crueldad. Si tomáramos consciencia de cómo sufren las personas cuando deben adaptarse al mundo y cuánto tienen que negarse a sí mismas para sobrevivir, comprenderíamos mejor las dinámicas familiares disfuncionales y los desórdenes sociales.

Solo hay Vida en nosotros y la Vida solo busca la Vida; la Vida que somos nunca puede perderse, a pesar de los bloqueos, censuras y muertes aparentes.

En nuestra cultura no hay lugar ni tiempo para conectar con la propia vulnerabilidad que nos habla del desamparo, la angustia, el desasosiego que llevamos dentro; es el revés de la trama lo que permite engendrar los verdaderos frutos del alma y no los falsos ídolos de barro que entronizan los moldes familiares y los modelos estereotipados de nuestra sociedad.

Los niños nos miran, los niños nos escuchan

> *Un niño tiene pequeñas manos, pequeños pies y pequeñas orejas, pero no por esto tiene ideas pequeñas. Los niños tienen grandes ideas que asombran a los adultos.*
>
> BEATRICE ALEMAGNA

¿Cómo entra un niño en la vida de los adultos? ¿Qué lugar ocupa, qué ve, qué escucha y qué siente?

Aunque se sepa que un niño es como una esponja que lo absorbe todo, la gran mayoría de los adultos lo siguen pasando por alto. ¿Por qué seguimos ignorando o minimizando todo lo que un niño absorbe de nosotros? ¿Por qué preferimos separar lo que ellos viven de lo que nosotros vivimos? Nuestro nerviosismo, nuestros miedos, el entusiasmo, las ganas de vivir o nuestra falta de confianza en la vida, los prejuicios, las creencias repetidas y nunca revisadas; nada, absolutamente nada queda fuera de la receptividad de un niño. Y aunque luego parece olvidarlo, todo lo reflota en los momentos claves de su crecimiento, empezando por la pubertad.

Los niños quieren ser escuchados y ser mirados con los ojos abiertos de par en par, algo que sucede raramente, del mismo modo en que ellos nos escuchan y nos miran a nosotros. En cambio, desarrollan muy pronto una extraordinaria habilidad para comprender las necesidades de sus padres o de los adultos que forman su entorno más cercano, aunque estos ni siquiera lo adviertan.

La adaptabilidad de un niño no tiene límites. Como una planta que busca el sol y deforma su figura natural para atraer sus rayos, del mismo modo un niño llega a un nivel de sobreadaptación que supera su propio umbral de sensibilidad, con tal de responder a las necesidades emocionales insatisfechas de los padres o adultos que son quienes lo deberían cuidar o proteger. Cuando los adultos que son padres o educadores no reconocen como propias sus carencias, las proyectan en los seres más disponibles que están a su alcance: los niños.

Este es el revés de la trama de toda infancia, cuyo resultado en la vida posterior se materializa en comportamientos de negatividad, narcisistas, autodestructivos, estados depresivos o la huida defensiva de la grandiosidad.

Los niños conocen a la perfección el sótano en que los adultos escondemos nuestras debilidades no asumidas, nuestros traumas inconfesados y, sobre todo, lo no dicho que perfora cada mentira o encubrimiento.

Todos los aspectos sombríos de la personalidad de los adultos son captados con precisión asombrosa por los niños que, en su búsqueda de comunicación aún viva, lo expresan con su cuerpo o con sus comportamientos. A pesar de la ceguera emocional tanto del no instruido como del erudito, siempre hay una puerta estrecha por la que se cuelan fragmentos de la verdad emocional del mundo adulto y que permanecen encerrados en el corazón de los niños.

Los niños que nos habitan continúan golpeando a nuestra puerta para contarnos la verdad de nuestra historia, aquella que permaneció en el sótano oscuro de nuestro psiquismo.

El miedo y el terror enmudeció a ese niño pequeño que susurra en nuestro interior. La riqueza que nos depara ir a su encuentro nos devuelve la vitalidad a la que tuvimos que renunciar y, sobre todo, nos permite seguir el camino de nuestra alma, el camino de la sabiduría y madurez.

Los niños saben

Recopilación

—Y tú, Françoise, ¿qué quieres ser cuando seas mayor?

—Médico de educación.

—¿Y eso qué significa?

—Significa un médico que sabe que los niños pueden caer enfermos por cosas de educación.

Françoise, 8 años

—Qué tontos son los doctores, que no entienden a los niños. Y tampoco entienden a los mayores; a lo mejor, si esas personas gritaran o lloraran, no tendrían necesidad de medicinas.

Marianne, 12 años

Una mañana un niño le pregunta a su madre:

—Mamá, ¿quién soy yo?

—¿Cómo que quién eres? —preguntó asombrada la madre—. Eres mi hijo.

—¿Y para los abuelos?

—Y para los abuelos eres el nieto.

—¿Y para Carlita?

—Eres su hermano.

—¿Y para Lucas?

—Para Lucas eres su primo.

—Qué hermoso —dijo el niño— todavía no es el mediodía y ya soy un montón de personas.

Javier, 7 años

—A lo que más le tengo miedo es a la oscuridad porque no se sabe dónde está.

—¿Quién? ¿Tú o la oscuridad?

—La oscuridad sabe, yo no sé.

Diego, 6 años

—¿Y entonces? ¿Por qué crees en la muerte? Eres como mi maestra de historia. No sabe dónde empieza uno, pero está segura de dónde termina.

Julia, 12 años

—Algunas noches me pasa una cosa muy extraña.

—¿Qué te pasa? ¿Sueñas?

—No. Estoy en mi casa con mi papá y mi mamá, y ellos conversan, y viene mi tía y mis primos y conversan.

—¿Y qué es lo extraño?

—Que ellos conversan y yo me siento muy solo.

—¿Nadie habla contigo?

—Sí, eso es lo extraño, que, aunque hablan conmigo, yo me siento muy solo.

Vicente, 8 años

—¿Qué te gustaría ser de grande?

—Yo.

Mario, 8 años

—Si yo no hubiera nacido, ¿sería nadie?

Matilde, 7 años

—¿Qué te gustaría dibujar en esta hoja?

—Gente feliz.

Mariel, 6 años

—¿Qué te parece que sirve en la vida para ser feliz?

—Soñar.

Mario, 9 años

—Según tú, ¿qué es lo que los niños saben más que los grandes?

—Inventar, imaginar las cosas. Pero para mí los grandes no saben lo difícil que es para un niño vivir; no se dan cuenta de que nos podemos sentir peor que ellos.

Silvina, 11 años

Nuestra esencia original

Todo ser humano tiene en su interior, en su alma, un sonido bajito, su nota, que es la singularidad de su ser, su esencia. Si el sonido de sus actos no coincide con esa nota, esa persona no puede ser feliz.

SOPHIA PROKÓFIEV

El arte de crecer y madurar es que yo vaya ocupando progresivamente mi verdadero lugar, mi propio centro de gravedad que vibra en la zona más profunda de mi ser y, desde allí, sentir, pensar y actuar.

¿Por qué una persona no puede percibir su anclaje más profundo, cuando se trata de sí misma? Desde muy pequeños estamos íntimamente conectados con ese fondo primordial que nos sostiene: la espontaneidad vital, la curiosidad que los sentidos amplifican y una imaginación rica y llena de contenido, el deseo límpido y sin juicios para experimentarlo todo son algunos indicios de ese soplo de Vida que nos habita.

La verdadera subjetividad se apoya en ese potencial original que cada uno trae en una combinación única de cualidades, que la Vida nos empuja a actualizar.

A edades muy tempranas somos exiliados de ese mundo interior y se nos empuja a encajar en los moldes propuestos por una crianza y una educación que premia a quienes imitan fielmente los modelos transmitidos y castiga en forma manifiesta o sutil a quienes se atreven a explorar caminos nuevos.

¿Qué nos sucede cuando toda nuestra vitalidad se reduce a tratar de encajar en moldes impuestos, sin tener en cuenta nuestra innata riqueza primordial? Ese sonido bajito que todos llevamos dentro se va silenciando, sofocando. ¡Pero no puede desaparecer nunca!

Un molde es un armazón externo que se fabrica desde el miedo y el control, que nubla la mirada de quienes solo tendrían que sacar a la luz las cualidades inscriptas en el alma de cada niño. Los moldes no hacen más que eclipsar y oscurecer nuestra propia luz.

Los modelos que propone una sociedad son un conglomerado de esquemas obsoletos que se superponen unos a otros e ilusoriamente intentan atrapar la vida que se renueva continuamente.

¿Es posible educar sin moldear? ¿En qué se diferencia una guía inspiradora de un molde que aprisiona?

Nada está afuera. Lo esencial lo traemos en semilla y la única función que cumple el exterior es facilitar o entorpecer el despliegue de nuestras cualidades.

Una semilla de girasol seguirá siendo una semilla de girasol en cualquier terreno en que germine; que crezca antes o después, eso dependerá de la riqueza o pobreza del terreno, y aun cuando quede sepultada viva, siempre buscará la luz del sol para crecer.

Hay una pregunta muy simple que podemos plantearnos ante cada acción que emprendemos en la vida, especialmente cuando nos disponemos a educar, y que solemos pasar por alto la mayoría de las veces: ¿apoyamos o debilitamos el desarrollo del potencial que trae consigo un niño?

Lo verdaderamente pedagógico es aquello que nos permite crecer y evolucionar, sobre todo si está sustentado en el disfrute y no en el sufrimiento.

La manera en que seguimos educando una generación tras otra, ¿favorece la evolución o la bloquea? ¿Potenciamos los dones innatos de la alegría, la serenidad y la armonía interior y la capacidad de amar y ser amados?

Nada prueba más nuestra infelicidad que esa afanosa búsqueda ciega en la que estamos inmersos desde nuestros primeros pasos. No hay un solo momento en nuestras vidas en que no dejemos de buscar. Buscar es desear y el deseo es una fuerza sagrada, es un movimiento esencialmente humano; el nudo de nuestros problemas es que esa búsqueda tiene una sola dirección: hacia afuera. Desear no es un error, solo necesitamos darnos el permiso de madurar nuestros deseos infantiles.

El valor propio y la dignidad de ser quien uno es son cualidades internas y tienen sus raíces en el derecho a desarrollar nuestra singularidad, nuestra esencia primordial. Una esencia íntima, silenciosa y original, donde todo brilla por su propio resplandor, la vitalidad, la profundidad y la belleza universal de todos nuestros dones y cualidades.

Lo universal no borra jamás la singularidad. Así como cada gota de agua que forma un océano es distinta de otra, también nuestra manera de hacer brillar esos dones universales es singular y original. La tan proclamada igualdad está en el potencial que todos traemos, no en la manera singular con que cada ser lo manifiesta. Cada uno es perfecto en su manera de expresarlo. Nuestra intolerancia es un miedo primario que dispara nuestras armas defensivas ante lo distinto, porque hemos aprendido muy pronto a invalidar lo que no se parece a nosotros.

¿De dónde viene entonces tanta monotonía, tanta nivelación uniformada que robotiza nuestro devenir humano?

Si de niños hubiésemos sido realmente amados, respetados en nuestra esencia íntima, tomados en serio y valorados en nuestros anhelos y deseos propios, no juzgados o manipulados en función de las expectativas y mandatos de los padres y educadores, indudablemente de adolescentes y adultos nos hubiese sido mucho más natural y espontáneo reconocer con claridad nuestro verdadero ser y el de los otros.

Vivimos atrapados en personajes periféricos que apenas rozan esas cualidades esenciales con las que nuestro ser más íntimo y oculto intenta salir a la luz. Vivimos en un mundo de apariencias y las apariencias nunca engañan, siempre nos están mostrando lo más superficial de nosotros. Vivimos de migajas, como mendigos que ignoran que están sentados sobre una mina de oro.

Al igual que los actores y actrices desarrollan sus personajes de cara al público, también nosotros, desde nuestros comienzos, empezamos a actuar de cara al exterior, cumpliendo roles que responden más a las expectativas familiares y socioeducativas que a nuestros verdaderos anhelos. No hay nada más agotador y estresante que sentir, pensar y actuar en contra de lo que verdaderamente sentimos, pensamos y deseamos hacer.

Esta es, sin duda, la fuente de mayor cansancio y agotamiento que vamos acumulando a lo largo de la vida; las crisis emocionales y existenciales estallan sorpresivamente cuando sobrepasamos nuestro umbral humano de adaptación, convirtiéndola en una cruel sobreadaptación al medio externo. Luego, las etiquetamos como enfermedad bajo rígidos rótulos que cierran toda posibilidad de comprensión. En realidad, se trata de un último grito de libertad que reclama nuestra vitalidad sagrada.

Nuestro potencial está hecho solo de cualidades. Los defectos, las limitaciones, son cualidades no desarrolladas o bloqueadas por el afán de amoldar el alma infantil a las expectativas y al ritmo del mundo adulto.

La falta de desarrollo y maduración en nosotros es una respuesta reactiva ante las exigencias inalcanzables con las que muchos padres y educadores intentan llenar el vacío y la frustración que conlleva su propia inmadurez.

Son nuestros miedos los que luego limitan la comprensión del dolor que se oculta detrás de todas las etiquetas que utilizamos para patologizar un proceso que, simplemente, quedó trunco.

Nos asustamos ante todo aquello que no alcanzó su madurez, ante cualquier deficiencia humana, petrificamos nuestra mirada. El miedo no nos deja ver la semilla que aún está viva.

Marguerite Yourcenar con gran agudeza y compasión, decía: «Hasta una tara puede tener sus ventajas para un espíritu lúcido; nos procura una mirada menos convencional del mundo».

El nuestro es un mundo superpoblado de personajes en busca de su verdadero autor. A medida que van cayendo nuestras máscaras y las falsas creencias que fueron incrustándose en nuestra mente, se abre ante nosotros la gran posibilidad de intuir y conocer nuestro verdadero ser.

Lo esencial de nosotros no lo vemos, pero está siempre delante de nuestros propios ojos.

Bastaría un solo gesto para ensanchar la mirada y desanudar el corazón, un solo gesto para humanizarnos y despertar a nuestros dones: girar la mirada hacia nuestro espacio interior; es allí donde se celebra lo más importante de nuestras vidas. Una mirada atenta a nuestro reino interior, no hay que ir a ninguna parte para desarrollar lo que está dentro de nosotros.

Necesitamos contactar con la semilla que yace en lo más profundo de nosotros. Si no entramos en el mundo interior, es porque todavía estamos hechizados por los cantos de sirena.

Es asombroso y perturbador que nos pasemos gran parte de nuestra vida ignorando o incluso negando la existencia de esa dimensión invisible, simplemente porque quedó oculta y sepultada por una ceguera ancestral.

Bastaría ese pequeño gesto que precede toda transformación que nos humanice; un gesto que raramente es cultivado en nuestra crianza y educación. Un gesto que nace del compromiso sagrado con nosotros mismos, un gesto de libertad para ser lo que sí somos, lo que podemos ser, y no traicionarnos más.

«Nunca anhelé un paraíso que pusiese la obediencia y la ignorancia como condición de la felicidad», reflexiona Alice Miller.

Un rompecabezas para a(r)mar

La Vida se va escribiendo con nuestras biografías; historias que se escriben en nuestro cuerpo, en nuestra mente y en nuestra manera de estar en este mundo, a la que llamamos personalidad. Las historias personales se van entrelazando con las historias de otros, y así vamos tejiendo los destinos colectivos.

Los caminos que transitamos son individuales, pero todos, absolutamente todos, tenemos un destino en común: madurar y evolucionar.

Son los tiempos, los ritmos, los modos, los que nos distinguen a unos de otros; las etapas, los ciclos madurativos, son iguales para todos, estemos en oriente o en occidente, en el norte o en el sur de nuestro planeta.

La niñez, la adolescencia, la juventud, la adultez y la vejez son las estaciones de la vida aquí, en esta tierra, y cada estación tiene sus frutos. Crecemos y nos desarrollamos físicamente y vamos completando nuestro devenir humano como podemos. Psicológicamente, arrastramos de por vida aquellas necesidades que no fueron satisfechas en el momento oportuno y que cargamos —por miedo de verlas— sobre nuestras espaldas o sobre las espaldas de los otros.

Descubrimos con estupor cómo se repiten, una y otra vez, esas necesidades evolutivas no satisfechas, esas carencias no deseadas que nos carcomen el corazón e inundan de angustia todos nuestros sentidos.

Una desvalida inseguridad y una añoranza, en la que se arraigan nuestros deseos, son la arena movediza de nuestra cotidianidad existencial; pero hay un fondo primordial que lo sostiene todo y del cual somos erráticamente conscientes.

Un fondo silencioso, vivo e imborrable, aunque ignorado, en el que anidan nuestras cualidades esenciales: no hacemos más que añorar sin cesar la belleza, el amor, la paz y ese gozo tan lleno de vida. Es ese fondo el que está detrás de todas nuestras búsquedas y afanes cotidianos.

Como dice el poeta Antonio Gala, «solo nos dan retazos de las cosas. Como un rompecabezas, que hay que ir componiendo sin saber qué representará. Hay piezas que no encajan, y otras que se extravían. Y aunque no se extravíen, qué incomprensible es una pieza suelta. O las encuentras a deshora, cuando ya no tienes ganas de seguir jugando, cuando uno se ha hecho la costumbre de ver el hueco de la pieza».

Vivir se vuelve incómodo porque el ser humano es la esfinge que hemos venido a descifrar; la propia trama de la vida se nos escapa diariamente. Nos pasamos años y décadas enteras tratando de encajar las «piezas del rompecabezas» sin haber visto el diseño completo.

Sin embargo, y a pesar de nuestra incomodidad existencial, hay una fuerza que nos empuja a buscar «las piezas que faltan» y completar nuestro íntimo rompecabezas, porque de esas piezas extraviadas está hecho nuestro destino. Extraviadas no significa perdidas para siempre; he aquí la maravilla de nuestra Vida.

El mundo que olvidamos

Nuestra existencia es artificialmente limitada; lo que conocemos de nosotros mismos es apenas una porción superficial, parcial y minúscula de lo que realmente somos. Las limitaciones conscientes asimiladas en forma de creencias estrechan nuestra mirada; las limitaciones inconscientes en forma de traumas y fobias atenazan nuestro corazón. De una u otra forma, son limitaciones adquiridas y provenientes de un mundo externo, habitado por adultos que se alejaron de sus propios dones innatos, y por esto mismo, un mundo lleno de adultos asustados, dependientes e invalidados.

¿Cómo saber y palpar eso que realmente somos?

No se trata de creer o no creer, o de meras abstracciones filosóficas o psicológicas; lo intangible es tan real como lo tangible, aunque nuestra mente racional apenas roza el umbral. No se trata de idealizar la infancia, menospreciarla o ignorarla, como hacemos habitualmente.

Aprender a ver y a reconocer las cualidades que nos habitan y que todo el tiempo nos susurran su presencia es estrenar nuestra verdadera inteligencia. Esto es, prestar atención plena y consciente allí donde nuestra presencia echa raíces y dejar caer las mil y una máscaras con las que nos presentamos ante el mundo.

Si nosotros no fuésemos esa plenitud, no tendríamos esa noción de carencia y no andaríamos desesperados en busca —aunque sea a ciegas— de esas piezas que nos faltan. Nadie busca por buscar. En lo más recóndito hay un saber silencioso que nos recuerda todo el tiempo que buscamos para encontrar.

¿Por qué padecemos nuestras limitaciones y perseguimos sin cesar nuestro bienestar? ¿No será acaso que ese es nuestro fondo natural y esencial?

Nuestro corazón estará inquieto hasta que no completemos nuestro crecimiento; madurar es ir completando con más piezas nuestro potencial. Es el juego de la Vida. Sabemos que no tenemos todas las piezas y es la razón más profunda por la cual sufrimos; pero las que aún nos faltan, así lo ignoremos, nos pertenecen.

¿Por qué sufriríamos el desamor o nos alteraríamos ante aquello que nos quita la paz y el gozo si en nosotros no pulsara ese fondo pleno de amor, armonía y alegría?

¿Cómo podemos tener la exacta dimensión de lo que es estar enfermos sin haber experimentado la propia salud?

Todos nuestros deseos, por más alejados que estén de nuestra íntima verdad, nos señalan aquello que ya somos pero que aún no hemos realizado.

Nuestro universo individual, nuestra consciencia subjetiva, es un proceso de actualización constante de ese potencial interior.

Muy tempranamente aprendemos a falsear nuestra verdadera identidad, nos adiestramos en el perfeccionamiento de los personajes con los que actuamos de cara al exterior en busca de una aprobación que calme la angustia de sentirnos lejos de casa.

La gran mayoría de los adultos tiene muy escasos recuerdos de su niñez y, en general, poco nítidos o encriptados en imágenes mentales o sensaciones corporales que nos asaltan sin que atinemos a vislumbrar su verdadero contenido.

La amnesia infantil, tan minuciosamente descripta en el ámbito de la psicología convencional, es una consecuencia y no una causa, que todos padecemos, en mayor o menor magnitud.

El mundo del niño es un universo mágico, lleno de imaginación y con una percepción límpida, de dimensiones no físicas, prontamente olvidadas, porque no encuentra un eco empático a su alrededor que le pueda brindar un lenguaje para codificar semejante riqueza.

Su lenguaje es otro, muy poco escuchado por un mundo que se preocupa más por disciplinar su intensa vitalidad y una imaginación muy poco explorada aún, dada la urgencia de asimilar el alma infantil al engranaje de una sociedad que ha olvidado lo mejor de su humanidad.

La imaginación vívida del niño tiene mucho para contarnos. Su lenguaje es plástico y está cargado de sentido, por eso, necesita de adultos que faciliten y no bloqueen ese mar de fantasías y sueños reveladores de otras dimensiones del ser.

Un niño expresa su ser con claridad y transparencia. Somos nosotros los que lo opacamos con nuestra desconexión emocional y le adosamos las primeras restricciones mentales, las nuestras.

Ellos ya habitan ese mundo añorado por nosotros, solo necesitan de nuestra atención despierta y de un corazón que acompañe tierna y respetuosamente la manifestación de esa vitalidad para que encuentre un lugar de acogida y no una expulsión hacia el exilio de sí mismo.

Es curioso observar que a medida que vamos dejando nuestra niñez nos asombra la falta de confianza en nosotros mismos, esa confianza que nos otorga la dignidad de ser tal y como somos, y el poco amor por lo que vivimos, hacemos o cómo nos mostramos.

La niñez es un universo que desborda, por todos los costados, la estrechez mental del mundo adulto.

Cuando un adulto no comprende lo que aparece ante sus ojos, por miedo y por ignorancia, llena ese vacío de comprensión con rótulos, etiquetas que no hacen más que clausurar el entendimiento en lugar de ahondarlo.

En nuestra época tan vanamente agitada y en una sociedad satisfecha y segura de sí misma en apariencia, el dolor se esconde bajo máscaras de rechazo a la vida; de malestares y deficiencias aparentes, de distorsiones no comprendidas; ¿por qué nos apresuramos a patologizar en lugar de profundizar y captar el proceso de devenir de ese latido que susurra y grita la vida sofocada?

Tantos malestares y rebeldías nos recuerdan, quizá, ese mundo olvidado e incluso repudiado que no supimos comprender en su momento, pero sobre todo, ese coraje ancestral que nos empuja a ser lo que somos y no lo que «debemos» ser.

La dignidad de ser

Nos enfermamos y nos morimos por la falta de amor a nosotros mismos. La cálida vitalidad que nos habita nutre el milagro de amarnos.

Un niño nos llama

Es necesario que saques fuera al niño que siempre estuvo dentro de ti y que sofocaste para convertirlo en adulto. Este niño tiene que salir para ser alegre, curioso, potente. Nos ayuda a estar mejor con nosotros mismos y a dejar de ser tan aburridos como lo son las personas adultas.

GOLIARDA SAPIENZA

Para que ese niño irrumpa en nosotros con su vitalidad intacta, su mirada límpida, su alegría de vivir, su curiosidad y asombro por la inmensidad que lo rodea, antes que nada es necesario acoger con ternura y amor incondicional a ese niño que enmudeció sus sentimientos y sus deseos más legítimos y, con ellos, las raíces de su propia originalidad; ese niño que no pudo completar su niñez por todos los miedos que fueron carcomiendo el desarrollo natural de sus dones y cualidades, de su singularidad; ese es el niño que aún hoy habita nuestro espacio interior y que busca en nosotros, ya adultos, un anclaje que le permita seguir vibrando y creciendo desde su ser esencial y sin ningún artificio.

Con el paso del tiempo nos volvemos muy tensos y artificiales.

¿Por qué, a medida que vamos creciendo, nuestra existencia se torna densa y opaca?

La dicha y la entrega a la vida en sus comienzos poco a poco se va apagando. Nuestro corazón se tiñe progresivamente de desencanto y a veces hasta de una amarga decepción, y a esta condición existencial la llamamos normalidad.

Como dice Lewis Carroll por boca del Gato de Cheshire: «Escapemos, Alicia, acá son todos normales».

Nos acomodamos como podemos, nos conformamos con convertir los barrotes de hierro de nuestra prisión interior en barrotes de oro y el esfuerzo de toda una vida se reduce, en gran parte, a hacer más confortable el cautiverio.

«¡Hagan, hagan...! Que todavía están en la jaula», reflexionaba Peter Brook.

Hay quienes dicen estar muy satisfechos con la vida que tienen, alentados y motivados para representar papeles que obedecen el imperativo de una fachada feliz. Hipnotizados por esa búsqueda compulsiva y frenética —programada socialmente— que no hace más que fabricar simulacros de felicidad. ¡Qué sensación de ajenidad y destierro ocultan tales simulacros!

Busquemos, busquemos, pero no encontremos. ¿Qué es esta infatigable búsqueda en la que siempre hallamos algo, pero nunca es lo que buscamos?

Enamorados de la eterna búsqueda o atrincherados en la inmovilidad de la espera —esperar también es una forma de buscar—, siempre estamos buscando.

Buscamos, pero lo hacemos desde nuestros miedos, sin siquiera darnos cuenta. Vivimos en un estado de estrés permanente que va de la tensión sutil hasta el colapso de nuestra verdadera identidad, la que, por todos los medios, intenta manifestarse.

No hay maquillaje psicológico ni máscara social que pueda ocultar por mucho tiempo los miedos que habitan nuestro corazón y que nos empujan a seguir buscando sin hallar.

«Siempre es mejor allí donde no estamos», nos decimos.

Y continuamos buscando, quedamos tan envueltos en las expectativas de nuestro entorno familiar y social, que creemos y asumimos ciegamente el papel que nos fue dado representar.

Actuamos guiones escritos por otros —presentes y ausentes— con la esperanza de ser premiados con la aprobación y el reconocimiento ajeno. A los que actúan bien los consideran exitosos, y a los que actúan mal los etiquetan como fracasados.

Bienaventurados los que fracasan y admiten su fracaso, porque no quedan atrapados por los estrechos estándares de una felicidad impuesta y sus almas vivas e inquietas tienen aún la posibilidad de brillar con luz propia y no prestada.

¿Cuántas de las cosas que decimos y hacemos están dirigidas a ganar la aprobación de otros, excepto la nuestra?

¿Cómo rozar la alegría y el gozo de vivir si nos aterroriza salir de esa zona gris de costumbre y resignación pasiva? Ninguna persona sensata huiría de una zona a la que muchos llaman de *confort*. En todo caso, siempre quedamos enredados, a pesar nuestro, por telarañas de temores, angustias y confusión.

Son nuestros miedos lo que nos paralizan y no nos permiten entregarnos con confianza a la Vida que siempre nos está esperando generosamente.

Vivimos por miedo en una repetición ciega, forzada e imitativa de roles asignados y no elegidos. Nos juzgamos por la pura imagen y apariencia, sin advertir que detrás de toda máscara late lo mejor de nosotros. Hay quienes sufren en silencio el aislamiento y la soledad que trae consigo el frío emocional y hay quienes gritan su dolor ante tanta incomunicación e incomprensión que nos separa a unos de otros.

Cuánto miedo nos invade cada vez que tenemos ante nosotros la posibilidad de ejercer la libertad de equivocarnos como vía privilegiada de crear nuestra manera única de estar en este mundo.

Bienaventurados los que nunca terminan de acomodarse en ningún lugar porque, sencillamente, no serán ni los últimos de los últimos, sometidos por su vulnerabilidad, ni los primeros que con refinada crueldad oprimen a los otros.

La poesía de Marco Mengoni sintetiza lo más potente que late en cada uno de nosotros: «Creo en los seres humanos que tienen el coraje de ser humanos».

Los depredadores

Un niño pequeño cuyo ser entero no deja de vibrar está conectado con esa dimensión sutil e invisible de la que nos hemos apartado.

Yolande Duran

¿En qué momento dejamos de ser niños? ¿De qué manera se interrumpe ese mundo mágico de nuestra niñez que no ha culminado su desarrollo y que no aprendimos a disfrutar, una niñez trunca que nos arroja a un exilio de nosotros mismos, de ese mundo que permaneció invisible a los ojos del adulto?

¿Cómo podemos amar la grandeza de lo que somos si la estrechez de nuestra mirada lo empequeñece todo?

Cada uno está encerrado en los estrechos muros de sus creencias limitantes jamás revisadas, una ceguera emocional que nos impide ver el extraordinario mundo que está detrás de nuestros ojos. Vivimos confinados en una pequeña parcela que se parece más a una prisión que a un umbral del cual poder partir hacia amplios horizontes.

Los niños ponen a prueba nuestra lucidez y muestran la suya. Los adultos ejercemos compulsivamente el oficio de responder y dejamos de lado lo más importante: el arte de preguntar y de escuchar con la genuina intención de comprender.

No hay madre o padre que no desee lo mejor para sus hijos, el problema es que no sabemos qué es lo mejor para ellos. ¿Por qué? Porque estamos llenos de miedos, de traumas y conflictos no resueltos que tiñen nuestro acercamiento a ese mundo intangible, pero más real que el nuestro, y los cargamos con esos mismos miedos, traumas y conflictos, aunque no sea nuestra intención.

Los humanos somos seres de interacción constante, de intuición y de lenguaje. Nos transmitimos hasta la última partícula que vibra en nuestro interior, sobre todo, aquello que no pudimos comprender y trascender.

Nuestra comprensión del desarrollo infantil, aún hoy y con otros formatos, está sumamente impregnada por una pedagogía basada en el miedo, en la culpa y la invalidación. Son los grandes depredadores del propósito de nuestra vida, que es aprender y disfrutar.

Una pedagogía que reglamenta, juzga y clasifica lo nuevo para que no desorganice lo viejo; una manera arcaica y rutinaria que controla e intenta «ordenar» la espontaneidad alegre en la acción, propia del juego, para llevarla rápidamente al plano racional, interrumpiendo la insustituible experiencia del propio cuerpo, nuestra manera primordial de conocer y estar.

De este modo, nos lanzamos a la aventura de vivir, lejos del cuerpo, lejos del juego, lejos de una vida dichosa y creativa.

Bastaría observar con atención cómo gran parte del sistema educativo y pedagógico desde la etapa inicial deja fuera la corporeidad y su riqueza psicoafectiva intrínseca, y se va disociando de lo cognitivo racional. Esta disociación es la que luego genera grandes distorsiones en la capacidad específicamente humana que es la de comprender.

La comprensión es un signo de madurez e integración del saber emocional y el saber racional.

El miedo

Yo no sé muchas cosas y es verdad.
Digo tan solo lo que he visto.
Y he visto que la cuna del hombre la mecen con cuentos.
Que los gritos de angustia del hombre los ahogan con cuentos,
Que el llanto del hombre lo taponan con cuentos.
Que los huesos del hombre los entierran con cuentos.
Y que el miedo del hombre ha inventado todos los cuentos.

León Felipe,
«Sé todos los cuentos» (fragmento)

Hay memorias de dolor cristalizadas que se transmiten de una generación a otra, pero ya sabemos que no se trata de seguir padeciéndolas, sino de aprender a liberarnos de ellas.

Los miedos no vividos y no asumidos no desaparecen, quedan encriptados en ese lenguaje primordial, donde aún no llegan las palabras: en nuestro cuerpo, que lleva tatuados todo lo que tuvieron que callar quienes nos precedieron. Nada se pierde, aunque quede en el olvido.

Los miedos que nos habitan son la raíz de gran parte de lo que llamamos limitaciones, que consideramos propias cuando la realidad es que han sido literalmente adquiridas.

Lo único que traemos con nosotros y nos pertenece son nuestras cualidades esenciales: la Vida en nosotros que florece a través del gozo de vivir, de la paz y bienestar interior y el Amor que todo lo mueve.

Crecimos y fuimos educados en el miedo. Donde hay miedo hay bloqueos y limitaciones. Encorsetados por miradas limitantes, y cuando no, paralizados por el frío emocional, nuestro corazón aterido se cristaliza en el miedo.

Vivimos como «palomas azoradas», dice el poeta Antonio Gala, azoradas porque no nos enseñaron a abrazar nuestra desestabilizante vulnerabilidad, nuestra incómoda incertidumbre; y solo podemos amar si se nos permite ser lo que somos y lo que nos hace sencillamente humanos.

¿Dónde nacen nuestros miedos?

Nuestro miedo primordial es el árbol de todos los miedos en forma de fobias, de traumas, de cegueras emocionales y de creencias férreas que congelan el movimiento mismo de la Vida.

Todo miedo, por más incomprensible que sea, tiene un origen.

¿Cómo se va convirtiendo un pequeño ser que llega a este mundo, con un manantial de vida y de entrega absoluta, en un adolescente hermético, desconfiado, o en un adulto sombrío y sin amor por la vida?

El instinto de supervivencia, que es básico en todas las especies, nos protege de las amenazas y peligros, y el miedo nos lo señala. Vivir en un continuo estado de alerta, tan atemorizados, nos tendría que llevar a preguntarnos: ¿esta es la Vida que nos fue dada? ¿Será que aún estamos intentando superar y trascender nuestra herencia animal, esa capacidad instintiva innata que protege y conserva la vida ante cualquier situación amenazante?

Todo lo que amenaza nuestra vida y nuestra integridad es violencia, es agresión. Muchos siguen hipnotizados con los discursos de la cultural oficial que alimentan la creencia de que ser humanos es ser intrínsecamente limitados y que solo queda la resignación y cierto confort acomodaticio para los más astutos. Raramente advertimos lo atrincherados que estamos en nuestros miedos y en el terror por sobrevivir, lo cual nos hace creer que es nuestro único destino posible. Cuando se vive en el miedo nunca podrá haber claridad mental y, mucho menos, armonía emocional.

Si hay miedo, hay violencia, y si hay violencia, aún estamos en la pura supervivencia.

En la mayoría de los núcleos familiares, independientemente de los niveles y modelos socioculturales, se manejan altos niveles de agresión, desarmonía, autoritarismo e invalidación. Lanzan a la sociedad personas jóvenes, adultas y ancianas con serios traumas psicológicos, con limitaciones afectivas y mentales, incapaces de disfrutar y amar la vida.

Cuando el miedo se instala como metodología pedagógica, se utilizan armas que hieren y menoscaban el gigantesco potencial que todos traemos.

Vivir con miedo es vivir a medias. Difícilmente alguien puede transitar dos caminos al mismo tiempo: o nos defendemos o nos soltamos con confianza a la vida.

Cuántas veces nos quedamos inmovilizados a pesar de que nuestra voz interior nos susurra, una y otra vez, que no estamos en el lugar correcto; o bien permanecemos estancados en un trabajo que ya no nos inspira. O en esa relación en la que perduramos por obligación, pero en la que ya no somos libres ni felices. O sufrimos a ese saboteador interno, un juez impiadoso que nos juzga y bloquea nuestros anhelos más hondos y genuinos. Cuántas elecciones o decisiones tomamos por miedo y no por amor a nosotros mismos y a los demás.

La vida, la de cada uno de nosotros, no se conforma con sobrevivir, nadie desea sentirse como una pequeña y desvalida criatura a merced de las inclemencias externas.

Los seres humanos tenemos una tendencia ancestral a clasificar, a crear cajas mentales donde encerrar y controlar el dolor y el sufrimiento que no podemos soportar. Preferimos diagnosticar y patologizar todos los miedos que nos habitan en lugar de captar y comprender la riqueza que puede depararnos abrazar lo que nos asusta y encoge el corazón.

Estamos igual de solos que cuando éramos niños, cuando nadie pudo estrecharnos en un abrazo cálido para que el miedo desapareciera.

Ya no se trata solo de sobrevivir físicamente, también tratamos de sobrevivir anímica y psicológicamente. Ni siquiera advertimos que el estrés se genera por esta continua lucha por sobrevivir, sumidos alternativamente en una posición de ataque o defensa ante los sucesos que nos acontecen.

¿Cómo podemos darnos cuenta de si estamos en un estado de supervivencia? Por el nivel de tensión y miedo con que afrontamos el día a día que nos empuja, casi siempre de forma inconsciente, a una constante sobreadaptación. Atropellamos nuestras necesidades esenciales para colmar expectativas y exigencias externas. O bien rechazamos la vida a través de conductas destructivas hacia los otros o hacia nosotros mismos, como lo son las adicciones en cualquiera de sus formas. ¿Qué vida estamos rechazando? La que nos fue impuesta por miedo; cuando la vida es la que elegimos nunca habrá lugar para el rechazo y el odio.

En general nos domina la sobreadaptación, una tendencia que comenzó muy temprano en nuestras vidas y se sigue camuflando bajo distintos ropajes, acorde a las sobreexigencias de cada edad que atravesamos.

Crecemos y maduramos cuando seguimos nuestros propios pasos, no imitando o tratando de encajar en moldes impuestos. Nuestra existencia se dirime en la vida de todos los días; es inútil huir de nuestra cotidianeidad, como alientan ciertas prácticas pseudoespirituales o esotéricas. El tesoro escondido que vivimos buscando fuera de nosotros siempre ha estado dentro de nosotros y se nos revela a cada paso que damos si estamos abiertos y atentos.

Los bloqueos psicológicos —a los que etiquetamos como enfermedad— trazan el recorrido de nuestras potencialidades sofocadas por miedos que internalizamos. El sufrimiento anímico que consume gran parte de nuestra energía vital es consecuencia de una pedagogía que no tiene nada de pedagógico, porque está basada en el miedo y el terror.

El miedo solo nos enseña a ser desconfiados, a esconder los verdaderos sentimientos y a mentir; la invalidación es un veneno que destruye la autoconciencia sana, nos avergüenza, nos vuelve inseguros e inhibidos. Y la culpa silencia una vez más la voz del niño que fuimos, bloqueando sus sentimientos y deseos legítimos.

No hay nadie en este mundo que no desee sentirse valorado y respetado; los bloqueos son fruto de una historia que cada cual debería conocer emocionalmente para comprender cómo una persona se ha convertido en lo que es.

Las huellas de una educación basada en el miedo, en la vergüenza y en la inculpación nunca desaparecerán del todo hasta que no seamos conscientes de su existencia y detectemos sus mecanismos.

El Amor es lo verdaderamente pedagógico; todo el resto es miedo.

Las voces del miedo

Las voces del miedo nos cuentan una y otra vez las mismas historias, aquellas que nos pesan, las que petrificaron nuestro corazón y nuestras ganas de vivir. Las voces del miedo controlan nuestros deseos, infligen culpas y debilitan nuestra fortaleza y la confianza en nosotros mismos.

Nuestra orfandad emocional está hecha de miedos. La soledad como aislamiento, la separación de nosotros mismos y los unos de los otros van escribiendo gran parte de las biografías humanas.

El miedo es un gesto de contracción, todo en nosotros se vuelve pequeño y nos repliega en un encierro que todo lo oscurece. Son nuestros miedos los que nos llevan a etiquetar peyorativamente las múltiples oportunidades que la vida nos ofrece.

El miedo nos ancla en el pasado. Atados a la mezquina prudencia de sobrevivir, lo que de verdad nos asusta no es lo desconocido, sino abandonar lo viejo y repetitivo.

El miedo nos empobrece. Atrapados en el alambrado invisible de temores y terrores, no buscamos ni exploramos más allá de lo establecido; el conformismo nos anestesia con su aparente estabilidad acomodaticia.

El miedo es ausencia porque, poco a poco, vamos desertando de nuestro territorio sagrado —nuestro hogar—, justamente del sitio donde es posible hallar el calor de nuestra vitalidad y sus dones.

El miedo cansa y agota nuestra energía vital; el cansancio que más nos consume es el emocional. Nos desvitalizamos y nos enfermamos y, a veces, morimos.

El miedo infantiliza. No logramos superar todas las formas de dependencia que ahogan la autonomía necesaria para sentirnos dignos y libres de elegir.

El miedo no nos permite elegir. Vivimos en un estado de defensa o ataque reactivo y se nos escapa la serenidad que trae nuestra presencia consciente; esa serenidad interior y necesaria para optar siempre por lo mejor.

El miedo nos sumerge en el olvido de lo que somos. No nos es posible expresar lo mejor de nosotros, lo más valioso y auténtico. Cuando estamos acorralados por el temor, todo queda ensombrecido y lo enmascaramos con enojo y rigidez.

Vivimos en un estado de alerta generalizado y tanto la educación como la cultura siguen siendo grandes patrocinadores del miedo, lo subvencionan y fabrican toda una industria que engloba todas las áreas humanas: la salud, la política, la religión... Toda la formación individual y social está edificada sobre el miedo.

Las armas del miedo

Yo, como ustedes, fui sorprendida
mientras robaba la vida,
expulsada de mi deseo de amor.
Yo, como ustedes, no fui escuchada
y vi los barrotes del silencio
crecer en torno a mí.
Yo, como ustedes, lloré, reí, respiré.
Yo, como ustedes, busqué la ternura y la verdad.

ALDA MERINI

Si hay miedo, si hay ansias que nos atemorizan y terror que nos paraliza, todas son señales inconfundibles de que ha habido violencia y agresión física o emocional. Nuestros traumas y miedos son respuestas defensivas ante cualquier amenaza a nuestra integridad y supervivencia.

¿Cuáles son las armas que nuestra sociedad sigue legitimando?

Invalidar: es el primer proceso limitante del desarrollo humano. «¡No eres capaz!»; «No está bien»; «No es cierto»; «No es verdad»: son algunas de las frases repetidas que los oídos de un niño escuchan sin cesar y forman parte del léxico familiar convencional que, poco a poco, lastiman y debilitan su autovaloración. Luego, ya adultos, nos preguntamos: ¿cómo es posible tanta desvalorización, inseguridad y timidez y, sobre todo, la enorme dificultad que tenemos para expresarnos libremente?

Imponer: ¿se puede crecer en el irrespeto y en la no consideración de las necesidades y deseos propios? La rebeldía y la negatividad son respuestas defensivas ante una vida hecha de normas rígidas e imposiciones.

Interferir: cuánta intransigencia se esconde detrás las «mejores intenciones», que solo buscan torcer la vida de los demás y decidir por ellos, como en la sobreprotección o las formas más solapadas de autoritarismo. Genera seres dependientes, con serias dificultades para autosostenerse, que se terminan convirtiendo en una carga para los demás.

Prohibir: la prohibición y el control causan frustración y rechazo a la vida; limitan la creatividad, la curiosidad por la vida e inhiben fuertemente la alegría de vivir.

Castigar: fabrica culpa por cada error cometido y bloquea la capacidad de aprendizaje, castrando todo deseo de libertad y autodescubrimiento.

Son los signos ocultos o manifiestos de la agresión y la violencia que aún condicionan nuestra manera de relacionarnos con nosotros mismos y con los demás. Si hay miedo hay supervivencia, y en la supervivencia es el otro o yo (cualquier coincidencia con la realidad política, cultural y religiosa actual no es pura coincidencia).

Lo contrario del amor no es el odio, sino el miedo.

Porque es el miedo el que nos hace temblar y defendernos con todas las formas que el odio fermenta y puede manifestar, hasta la crueldad propia y exclusiva de los humanos.

Clarice Lispector lo expresa con gran lucidez: «Es con una garra temblorosa que se sostiene el cetro del poder».

Es sabido que el poder no deja crecer nada bajo su sombra.

Así como el amor y la crueldad se excluyen mutuamente, lo mismo sucede con el amor y el miedo.

El Amor es una de nuestras cualidades esenciales y, como todas las cualidades que nos habitan, viene en semilla y es nuestra tarea más creativa aprender a desarrollarlo.

Donde mueren los miedos

Todos cargamos con barreras mentales y emocionales a causa de los innumerables miedos incrustados en nuestra psique, que nos impiden completar nuestro desarrollo y desplegar la grandeza de lo que somos.

El miedo no es eterno y todas nuestras estructuras defensivas son temporales. Todo lo que nos acontece, por más oscuro que sea, no es el destino final.

Seamos conscientes o no, vivimos en un proceso constante de crecimiento y evolución en el que nadie puede perderse, aunque las apariencias nos confundan y engañen.

El miedo es un programa automático para la supervivencia donde reina la lucha, la competencia y la depredación. Los miedos nos limitan y nos bloquean para vivir como seres respetuosos y pacíficos, como seres humanos plenos que aman y protegen la Vida.

Mientras nuestro sentir, nuestro pensar y nuestro actuar sigan siendo meras estrategias de supervivencia, las dinámicas que nos dominan serán formas sutiles o manifiestas de agresión y violencia.

Gran parte de nuestro andamiaje sociocultural está basado en estas dinámicas. Luchamos y combatimos las limitaciones humanas y permanecemos ciegos a los dones ocultos que buscan la luz del sol para florecer.

El miedo a vivir es lo que más domina nuestras vidas, mucho más que el miedo a morir, aunque la gran mayoría crea lo contrario.

¿Podríamos imaginar qué significaría para cada uno de nosotros una vida sin miedos?

La vida se aprende. Todo está por hacerse. Todo lo tenemos que cultivar y desarrollar por nosotros mismos. El coraje no nace del miedo, sino de nuestro abrazo amoroso a ese niño asustado, dependiente y desvalorizado que llevamos dentro y que está a la espera de nuestra comprensión y ternura. Cuando deponemos las armas del miedo, descubrimos el prodigioso juego de esta Vida inmensa que nos fue regalada.

¿Quién abraza y quién contiene nuestros miedos? ¿Qué parte de nosotros nos da el coraje para cruzar ese umbral?

En el centro de nuestro corazón, despojados de todas nuestras máscaras —tanto de aquellas que la sociedad nos asigna como la que nosotros mismos nos fabricamos— hay una semilla de amor que es nuestro verdadero tesoro interior.

Solo el amor es pedagógico. La verdadera pedagogía habla una sola lengua, la del amor.

Prefiero el rumor del mar

Demasiadas preguntas, demasiadas respuestas, demasiadas palabras.

No es posible pensar lo que no se puede pensar.

Bastaría recordar lo que no sé y acallar mi pequeña voz.

Donde caen las sombras

Lo conocemos de antaño, sabemos cómo hiere, nos habita... Si aprendiéramos lo previsible que puede ser el miedo que nos nombra.

Esther Núñez

El miedo y la culpa lo ensombrecen todo. Nuestros deseos, sueños y sentires parecen evaporarse bajo ese rayo de oscuridad. De lo único que estamos «enfermos» es de miedo y culpa. Sanamos cuando nos liberamos de sus pesadas cadenas.

¿A dónde se han ido nuestro encanto y nuestro asombro? ¿Cuándo se adormeció nuestra vigilia de ojos bien abiertos a la espera del sol y sus magníficos colores? ¿En qué lugar dentro de nosotros quedó oculto ese cofre lleno de misterio y de secretos que nos anunciaban días de gozo y libertad?

Nunca habrá un funeral de lo que verdaderamente somos. La riqueza que llevamos dentro no puede desaparecer, y aunque nos hemos dormido con tantos cuentos, hay un imperceptible pero sostenido despertar interno que nos mueve.

Para llegar al tesoro interior es necesario atravesar capas y capas de sentimientos no vividos, emociones añejas que seguimos rechazando, e ir desarmando las rígidas estructuras de control que aprendimos tan tempranamente para disciplinar nuestra energía vital y, con ella, el coraje y la alegría de explorar y encontrar.

La puerta estrecha

> *Yo conozco los mañanas que nunca llegan. Conozco la habitación estrecha y sin esa luz que busco dentro de mí. Yo conozco esos días, todos iguales, hechos de sueño y dolor. Conozco el miedo de esos mañanas lejanos.*
>
> Ezio Bosio

Gastamos una cantidad enorme de energía solo para mantener bajo control un estado de angustia latente, una angustia que es propia de una existencia moldeada en el miedo y la culpa.

La angustia tan temida no es más que esa puerta estrecha por la que huimos, una y otra vez, cada vez que nos asustamos; pero también es esa misma puerta la que nos abre el camino ineludible de regreso a casa. Si nos diéramos la posibilidad de atravesarla, descubriríamos la potencia de Vida que hay detrás y, por cierto, dejaríamos de vivir en el exilio de nosotros mismos.

La angustia precede al miedo. El miedo a sentir es, quizá, nuestro miedo más profundo. Nadie quiere la noche: hacemos de todo para no rozar siquiera esas emociones y sentimientos tan temidos porque perturbarían este estado de calma aparente con el que nos anestesiamos.

El miedo y la culpa acosan nuestra vitalidad. Tenemos miedo de volver a sentir nuestra rabia, nuestra tristeza, la ira, el resentimiento y el rencor, acumulados por años y años en un sótano oscuro. Oscuro porque es inconsciente. Sin luz no hay claridad que nos permita ver y comprender. Solo necesitamos arrojar luz sobre nuestro mundo interno, porque solo la luz de la comprensión puede disipar toda sombra, sin manipulaciones ni juicios que condenen.

El miedo y la culpa anudan nuestro corazón. Nos sentimos culpables y vamos perdiendo el contacto con esa pluralidad de lo vivo: en nosotros todo es Vida que quiere manifestarse, ninguna sombra, por más oscura que nos parezca, podrá ocultar nuestro sol interior.

¿Por qué la culpa es un bloqueo y jamás podrá ser liberadora? Porque congela y cristaliza el movimiento interno de emociones y sentimientos que necesitan salir a la luz para liberarnos y dejar espacio a lo que de verdad somos. Impide ver, sentir y juzgar los errores como parte del aprendizaje y no como pecados irremediables que solo la expiación y el terror pueden expurgar.

Detrás de toda culpa hay juicio, condena y castigo, el reino de la ignorancia y el desamor.

Equivocarse es volver a empezar y en el constante empezar está nuestro verdadero crecimiento.

El sol no necesita que lo obliguen a brillar, cuando las nubes se apartan, él sencillamente brilla.

Domesticar el corazón no nos devuelve a la Vida, lo que lo hace es permitir el eterno movimiento que lo sostiene: sentir, y no evitar sentir.

La culpa es el peso del miedo que distorsiona y oscurece, es el drama mudo que llevamos tatuado en nuestra memoria íntima, con todas las improntas de nuestra biografía personal, familiar y social.

La trama microscópica de miedos y culpas que va envolviendo cada gesto, cada paso, cada célula. Todo nuestro cuerpo erige muros por fuera y por dentro.

La Vida siempre nos espera amorosamente para despertar y liberarnos, para crecer y madurar; no hay muros que puedan encerrar por mucho tiempo nuestro deseo impaciente de ser libres y amar. Nada puede permanecer oculto para siempre, porque, tarde o temprano, todo sale a la luz.

Donde caen las sombras del miedo y de la culpa, precisamente allí, ocultos, están los destellos de la vida que anhelamos y a la que temprana y obligadamente renunciamos.

Cada callejón sin salida tiene su puerta pequeña y estrecha, es por allí que es necesario pasar si queremos descubrir el misterio de vivir.

Donde yacen nuestros miedos más profundos se esconden nuestros mayores dones.

La oscuridad es otro sol[4]

Iluminar nuestras zonas oscuras es posar en ellas nuestra mirada despierta y empática para comprender esas capas de dolor que se fueron sedimentando una sobre otra hasta oscurecerlo todo.

¿Qué es más poderosa, la luz o la oscuridad? ¿No son acaso nuestras sombras las que se esfuman con apenas una gota de luz?

---

4. Olga Orozco.

Si tenemos miedo, todo se vuelve oscuro. La luz no tiene sombra, siempre hay hendijas por las que se cuela. Son las fisuras de nuestras heridas las que nos muestran por dónde entrar y descender a nuestro infierno interior, es allí donde late nuestra verdadera resurrección.

Cada muerte siempre tiene su resurrección.

Náufragos de ilusiones, exilios interiores, diásporas de la memoria; senderos que nadie recorre por temor a la oscuridad y por no comprender que es el viaje mismo de la Vida que nos conduce a la luz insepulta en nosotros.

Así como el mar con su oleaje expulsa todo aquello que no le pertenece, nuestro inconsciente, nuestro propio mar, nos trae incesantemente y pone delante de nuestros ojos todo lo que aún nos hace sufrir, porque no pudimos y no supimos comprender. El inconsciente no es nuestro enemigo, es el «hijo pródigo» aún no reconocido y, mucho menos, amado por nosotros.

Nuestro sentir íntimo, con su oleaje de emociones y sentimientos, es el que nos trae recuerdos cargados de dolor, sueños inquietantes, malestares físicos y actitudes no deseadas para contarnos qué cosas y de qué manera se fue oscureciendo el resplandor de esa llama interior que nos fue dada, no solo para dar calor, sino también para iluminarlo todo.

La tristeza detiene la huida desesperada hacia el afuera y nos lleva de regreso a nosotros, allí donde nuestras necesidades no fueron escuchadas.

La ira, la rabia y el enojo gritan nuestra frustración e impotencia ante el irrespeto, la hostilidad y la indiferencia de los que nos ignoraron o menospreciaron en el momento en que más lo necesitábamos. Ahora, en este mismo instante, es nuestra presencia cálida y acogedora la que verdaderamente necesitamos y la que podemos otorgarnos. Cuando nos cobijamos al calor de nuestra propia presencia, todo se calma y el frío emocional ya no congela el corazón.

El resentimiento y la amargura se retuercen en nuestras vísceras y hallan en el odio su vía de escape hasta el hartazgo, un malestar que nadie podrá comprender y escuchar hasta que nosotros mismos no lo abracemos al calor del puro afecto.

En el dolor de hoy ya hemos estado muchas veces; es el pasado que permanece en nuestras vidas, que nos retiene en los oscuros rincones de nuestras heridas y nos hace preguntarnos qué ha sido de nosotros, de ese querer ser y no poder.

No es necesario detenerse más de lo imprescindible en el propio dolor, es solo un pasaje y no un destino; porque el viaje es lo importante.

Vivir es un inexorable ritual circular en el que vamos tamizando, como en una zaranda, uno a uno, los retazos, los escombros y el barro para decantar lo vano de lo esencial, hasta quedarnos con esas pepitas de oro que siempre estuvieron allí escondidas en nuestro fondo primordial.

Un corazón en invierno

No quise descender al jardín interior, ni asomarme a mi corazón por miedo a ver.

Antonio Gala

Cuando se crece al calor del afecto, de la comprensión empática y de la ternura que todo lo abraza, nuestros dones florecen y van nutriendo de alegría el corazón. La dicha de vivir no resulta milagrosa, porque nos fue permitido explorar y descubrir nuestro propio camino, respetando nuestro sentir íntimo, siendo sostenidos y acompañados hasta emprender el propio vuelo.

Pero cuando crecemos en medio de agresiones y violencias visibles e invisibles, el destino se convierte en una prisión de sufrimientos de la que no sabemos cómo salir. Creemos que este es el único destino que nos merecemos simplemente porque no conocemos otra cosa.

Cuando nos desarrollamos al calor del afecto genuino, de la comprensión y el apoyo para crecer por nosotros mismos, nuestro corazón se abre a la Vida y a sus infinitas posibilidades. Cuando se vive diariamente en el frío emocional de la indiferencia, de la incomprensión y la falta de apoyo para creer en nosotros mismos y confiar en la Vida, poco a poco y sin darnos cuenta, se va congelando nuestro corazón, primero en la niñez, luego en la adolescencia, y llegamos a la supuesta adultez sin comprender las razones de nuestro sufrimiento interior que, inevitablemente, proyectamos en nuestro entorno exterior.

Durante la infancia reprimimos con tanta fuerza todo aquello que nos duele para sobrevivir y seguir adelante que aprendemos a no sentir nada, a no darnos cuenta de nada.

Es el origen de nuestra ceguera emocional, la que luego nos inhabilita para distinguir lo que es beneficioso y nutriente para nosotros de todo lo que puede debilitarnos y empobrecernos.

Seguimos buscando esas razones en los sucesos externos, en nuestras relaciones actuales o en el infortunio que aqueja a la sociedad a la cual pertenecemos; pero por dentro sentimos vacío, inseguridad y confusión emocional porque nos hemos ido desconectando de ese niño que llevamos dentro; poco a poco lo hemos condenado al aislamiento, ya no sabemos escuchar ni reconocer sus mensajes. Son los sentimientos más auténticos los que nos cuentan todo lo que nuestro niño tuvo que callar en su momento por miedo e indefensión. El miedo hace que nos engañemos a nosotros mismos y no nos permite hacernos las preguntas más simples y decisivas acerca de nuestra vida personal.

A menudo nos preguntamos cómo una persona puede sostener una relación violenta o en la que es menospreciada e invalidada, se trate de una relación afectiva, una relación laboral o social. O cómo es posible que millones de personas adhieran y se entreguen a actos de violencia, bajo el signo ideológico que sea, y a formar filas para la guerra con la convicción ciega de que están contribuyendo a la paz.

No escuchar los propios sentimientos, no acoger nuestras emociones básicas para comprenderlas y encauzarlas

—sin sofocarlas ni reprimirlas—, inexorablemente nos lleva a desatender nuestras necesidades legítimas y, por lógica correspondencia, se bloquea nuestra capacidad empática con los demás.

No vemos y no entendemos lo que nos sucede porque hemos clausurado toda posibilidad de comprensión del sufrimiento infantil. Nada es el dolor de hoy, siempre estamos recreando lo vivido en nuestros primeros años de formación humana y nuestra memoria se manifiesta en cada situación conflictiva y de dolor. Recreamos inconscientemente nuestros traumas o situaciones bloqueantes para superarlos, no para quedar atrapados en un estado crónico de sufrimiento.

La ceguera emocional convierte lo más absurdo en la normalidad; cuando no vemos, todo lo justificamos y, como un niño en la oscuridad, imaginamos e inventamos desde el miedo y el terror que nos produce no ver, no entender.

Los rumores del mar interior

El lenguaje de los adultos es el lenguaje de un niño mudo que con frecuencia sirve para no expresar sentimientos e ideas verdaderas, sino para ocultarlas, encubrirlas o negarlas.

Como suele suceder en nuestro mundo dual y polarizado, por un lado, las emociones y los sentimientos son desestimados, ignorados. Se les resta importancia, son un bagaje con el que cargamos y no sabemos qué hacer porque no le encontramos el sentido.

En el otro extremo se las sobredimensiona, se les otorga un lugar central, se las vive sin plena consciencia, sin una profunda comprensión de su sentido, y quedamos a merced de ellas.

Solo la ignorancia prohíbe lo que no entiende. Por miedo, vivimos a tientas, desorientados y sin saber qué hacer con lo que sentimos.

Los muros de silencio que se van erigiendo en torno a nuestras emociones y sentimientos ya desde nuestra primera infancia son los mismos muros que nos van encerrando en un laberinto lleno de vericuetos por los que nos perdemos, confusos y desolados; un laberinto del cual intentamos huir sin recordar siquiera la puerta por la que entramos.

Mucho se habla sobre cómo gestionar las emociones, pero antes que nada, y para familiarizarnos con ellas, es necesario conocer su origen, su importancia vital y su sentido. Lo mismo que los sentimientos, a los que normalmente se confunde con las emociones.

¿Por qué es importante sentir? ¿Por qué es una necesidad esencial de todo ser humano articular libremente sus emociones y sentimientos para aprender a vivir con ellos y no sin ellos? Constituyen nuestra manera más primaria de conocer, a través de los sentidos, el mundo que habitamos por dentro y por fuera.

Cuando los sentimientos verdaderos están bloqueados, el cuerpo no puede funcionar normalmente. El cuerpo es incapaz de vivir sin sentimientos auténticos, necesita que las emociones fluyan, cambien y se transformen en lo que son: vitalidad que nutre y no empobrece.

Para desanudar el corazón es necesario entrar en él y no silenciarlo.

Los padecimientos psíquicos —sobre todo la depresión, la pandemia de la modernidad— suelen ser el precio que cualquier persona paga por renunciar a sí misma; no es renunciando a nuestra subjetividad que hallaremos la verdad, sino partiendo de ella.

Las emociones tienen un origen instintivo, son parte de nuestra herencia animal y están relacionadas con mantener la vida y preservarla. Son reacciones primarias que nos indican con precisión cuándo estamos a salvo o en peligro, cuándo sentimos atracción o rechazo por lo que nos circunda. Nuestro instinto de supervivencia es magistral en buscar la vida y huir de todo lo que la amenace.

Las emociones son reacciones automáticas que no pasan por el plano racional; son instintivas.

Lo que comúnmente se denominan «emociones negativas» son señales de alarma ante situaciones en las que nuestra vida corre riesgo. El miedo y la agresión son reacciones defensivas ante cualquier situación que amenace nuestra integridad. Nadie se defiende si no se siente atacado o en peligro. También el placer y la tranquilidad de sentirnos libres de peligros, seguros y a salvo son emociones básicas que garantizan nuestra supervivencia.

Si el grado de miedo y de agresión que gobierna la vida de la gran mayoría de los humanos es tan alto, lo mismo que el nivel defensivo con el que vivimos cotidianamente, habrá que preguntarse e indagar en qué clima emocional hemos crecido y cómo fuimos educados; las condiciones psicológicas en las que aún seguimos habitando este mundo nos cuentan el clima psíquico de temores y terrores que fueron forjando nuestros primeros pasos.

El mundo emocional y afectivo del adulto de hoy sigue siendo un eco repetitivo de los adultos que imprimieron las huellas de ayer; todo el dolor que no fue comprendido y trascendido se transmite implacablemente a la próxima generación. No hemos abandonado nuestro mundo infantil porque cargamos con memorias ancestrales que buscan la luz de la comprensión para ser sanadas y, finalmente, integrar el aprendizaje que nos regala. Nunca es demasiado tarde para aprender y despertar de nuestro letargo interior.

El problema no son nuestras emociones en sí mismas, sino nuestra ignorancia y la censura con que recortamos su existencia. Vivir separados de lo que sentimos, por miedo o por culpa, nos sumerge en un vacío interior que luego intentaremos llenar con subterfugios y artificios cargados de ansiedad y angustia. La gente espera resolver sus problemas sin pasar por las emociones y sentimientos que lleva guardados en su «cuarto oscuro»; todo lo que tuvimos que ocultar en nuestro inconsciente no desaparece, si no nos damos el permiso de conectar con lo que llevamos dentro, más tarde aparecerá de forma compulsiva e inoportuna.

La búsqueda obsesiva del éxito, de ser famosos, de ser vistos y de mostrarnos grandiosos no es más que la contracara de un niño solo y desesperado que mendiga una comprensión, un amor y una ternura que le restituyan la dignidad de ser.

La ceguera y el estado de inconsciencia con que encaramos un aspecto tan primordial de nuestra vida humana nos impide captar y comprender la importancia vital de nuestro mundo emocional. Es nuestra primera brújula interior para orientarnos en el mundo y preservar la propia vida.

Los sentimientos son el correlato de nuestras creencias, que pertenecen al área mental. Es en nuestra mente que empieza el relato puramente humano: nos contamos lo que hemos escuchado de pequeños, nos miramos con los ojos de quienes nos miraron a lo largo de nuestro crecimiento, una mirada que raras veces cuestionamos. Todos vivimos prisioneros de los tabúes, prejuicios y limitaciones propias de nuestro tiempo, como lo estuvieron aquellos que nos antecedieron. Los sentimientos son aprendidos culturalmente; lo que para un occidental constituye algo terrible, como la muerte, para un hindú es sinónimo de alegría.

Tanto el contexto familiar como el cultural interpretan los hechos como buenos o malos. De esta manera se va moldeando y condicionando nuestra manera de sentir. Vi venciamos aquello que nos agrada como bueno, mientras que rechazamos lo que nos desagrada: un tamiz tan básico con el que aún seguimos encarando los grandes temas de la vida.

Vivimos hipnotizados por miles de relatos que creemos nuestros. Apenas advertimos que los repetimos minuciosamente, con los mismos sentimientos que cada oleaje nos trae, y el mar siempre es el mismo.

Tanto las emociones como los sentimientos nos cuentan nuestra historia personal, nuestra biografía oficial y sobre todo nuestra biografía no autorizada. Lo que no comprendemos de nosotros mismos son los rumores más fuertes que el mar interno nos trae.

Por más eruditos que seamos, por más caminos espirituales que creamos haber recorrido, nuestro miedo más profundo es conectarnos con las verdaderas emociones y sentimientos que albergamos y a los que no hemos dado el permiso de residencia. Una casa es sólida por la calidad de sus cimientos, y si no aprendemos a cuidar e integrar nuestro mundo afectivo —la base sobre la que se van apoyando nuestras capacidades más elevadas—, los colapsos emocionales pueden derrumbar un edificio entero.

¿Por qué? Porque la evolución del ser humano comienza con la evolución emocional y psicológica de cada persona. No podemos dejar fuera nada de nuestra naturaleza. Cada pieza es preciosa y ocupa su lugar.

Si queremos desplegar nuestra humanidad íntegramente y no de manera fragmentada, la vida en nosotros se inaugura y empieza por lo más simple: sentir y sentirnos.

Prohibido sentir

El cielo infantil es un cielo que se va oscureciendo, con constelaciones de emociones y sentimientos que poco a poco dejan de brillar.

Todo es vida en nosotros. ¿Qué sucede, entonces, cuando tratamos de contenerla, levantando barreras como un dique que frena el caudal de un río que solo anhela seguir su curso natural?

El drama de las personas a las que desde sus primeros años no se les ha permitido reaccionar de forma adecuada frente a situaciones de agresión, violencia y maltrato en el ámbito familiar —situaciones que amenazaban su integridad— es que tienen serias dificultades para familiarizarse con sus verdaderas emociones y sentimientos en su vida adulta. Un niño no se atreve a sentir indignación porque el miedo se interpone. Un niño no puede ayudarse a sí mismo, necesita inexorablemente de los adultos que estén a su alcance. Es así como, sin darse cuenta, renuncia a sus sentimientos legítimos y justificados con tal de no perder la asistencia de sus padres o educadores. Más tarde serán adolescentes y adultos que no logran reconocer la raíz de sus desventuras, no pueden ser empáticos consigo mismos, por lo cual perpetúan su ceguera emocional y se someten a toda forma de humillación, maltrato y desprecio.

En nuestra sociedad todavía se sigue considerando que la infancia de la gran mayoría de nosotros ha sido normal y corriente. Y no se trata solo de la opinión pública, sino de gran parte de los llamados expertos en salud. ¿En qué consiste una neurosis? En aquellos sufrimientos y conflictos infantiles de miedo e impotencia que subsisten y se han transformado en actitudes crónicas. Para comprender y sanar este estado crónico de sufrimiento es esencial reconocer que lo que realmente nos neurotiza no son nuestros sentimientos y emociones en sí, sino nuestra gran dificultad para conectar con ellos; por esto mismo está tan arraigado en nosotros el hábito de huir de nuestra historia única y personal, donde podemos hallar la llave de comprensión de nuestra vida actual.

Sensaciones de vacío interior, de autoextrañamiento, de inseguridad, de profunda desconfianza en sí mismo y de aislamiento brotan muy a menudo en la adolescencia y se intensifican con el paso del tiempo hasta llegar a una adultez bloqueada y paralizada en su impulso innato de vivir libre y creativamente.

Aún hoy se sigue afirmando y sosteniendo que la desorientación, la inestabilidad emocional, la falta de autonomía afectiva e intelectual es algo propio del devenir adolescente, convirtiendo a los adolescentes en los prisioneros de una tragedia ficcionada de la cual no pueden huir.

¿Cómo es posible comprender un eslabón de nuestro crecimiento si lo separamos y disociamos del resto?

Este modelo de adolescencia no es más que una consecuencia de un tipo de educación basada en el miedo, el control y la dependencia; una formación que aún hoy sigue sacrificando lo más preciado de nosotros, nuestra interioridad, el lugar donde podemos encontrar la brújula que nos oriente hacia lo más potente y vital que nos habita. Nos sigue preocupando más el lugar que debe ocupar el adolescente en el engranaje social, en lugar de ocuparnos de su grado de bienestar emocional, que le permitirá desarrollar sus talentos naturales.

El mundo adulto no es más que una amplificación del mundo adolescente silenciado. La adolescencia lleva impreso el drama silenciado y latente de aquellas necesidades y sentires no vividos, cuyas raíces esquivas se ocultan en toda infancia.

Detrás de cada acontecer sombrío se encuentra la llave que nos permite comprender nuestra vitalidad perdida y que, a ciegas o a tientas, ansiamos recuperar. «Nadie quiere beber ese cáliz amargo del silencio —de ayer y de hoy— y descubrir precisamente allí la dulzura, la fuerza vital, la alegría y sus juegos», dice Albert Camus.

Si no hay adultos emocional y psicológicamente desarrollados, no habrá lugar que pueda acoger y acompañar a niños y adolescentes que solo buscan desplegar su potencial.

Los vacíos emocionales y carencias afectivas de los adultos y progenitores se convierten en una amenaza, muchas veces silenciosa, para el alma de un niño. Ningún psiquismo infantil está preparado para cargar con el peso de frustraciones, inhibiciones no resueltas, deseos congelados o sueños no realizados de sus padres. Sin embargo, los hijos son precisamente los seres más disponibles para entrar a ese «cuartito oscuro» de los padres y cargar con lo que allí encuentran.

Es la dinámica de lo inconsciente: lo más importante no se dice, no se muestra, se transmite con toda la fuerza de lo reprimido, de una generación a otra.

Los hijos conocen mucho de las necesidades no resueltas de sus propios padres, aunque no puedan expresarlo en un lenguaje lógico y comprensible. ¿Cómo lo expresan? Con su lenguaje más primario, su propio cuerpo y sus comportamientos emocionales, precisamente esos que perturban a su entorno adulto.

Cómo cambiaría el devenir de toda infancia si nosotros, los adultos, aprendiéramos a leer y comprender ese lenguaje aparentemente indescifrable en lugar de patologizar, cerrando las puertas a una verdad que solo necesita salir a la luz.

¿Por qué un niño es un ser disponible? Porque lo podemos educar para que sea como nos gustaría que fuese, y de hecho lo hacemos, imponiendo de forma manifiesta o inconsciente nuestros propios sentimientos, buscamos reflejarnos en su cariño y admiración, para sentirnos fuertes a su lado y compensar nuestras reprimidas sensaciones de impotencia y debilidad infantiles.

Un niño hace de todo para atraer el cariño de sus progenitores, para sentirse valorado y tomado en serio, ya que de ello depende el desarrollo de una autoconsciencia sana y estable. Si es necesario, está dispuesto a renunciar a sus verdaderas necesidades y a cancelar sus propias urgencias emocionales, con el afán de ser aceptado y valorado por ser quien es.

No se repara lo suficiente en la temprana sensibilidad que desarrollan los niños para captar las necesidades inconscientes de los padres. Cuando se intenta, se reduce a una especulación meramente intelectual, confinándolo a un terreno puramente teórico, despojado de las vivencias reales que acarrea semejante sobreadaptación y su costo emocional.

¿Cómo puede sorprendernos, entonces, que de adolescentes o adultos nos cueste reconocer nuestros propios sentimientos y necesidades legítimas? Vamos en busca de gurúes o terapeutas que logren descifrar nuestro propio mundo interior, como si fuésemos extranjeros en nuestro propio territorio.

Ante situaciones amenazantes, de indiferencia o de incomprensión, ya sea en una relación afectiva, laboral o social, brotan en nuestro interior sensaciones o impulsos genuinos, pero automáticamente quedan opacados por miedos profundos. Todo se tiñe de sentimientos cargados de vergüenza y terminamos experimentando una dolorosa desnudez.

Si de niños no nos fue permitido legitimar las emociones y sentimientos propios, nuestros anhelos y necesidades, y si no nos fue posible darles el espacio necesario dentro de nosotros para vernos y saber qué es lo que necesitamos y lo que ya no queremos, recreamos otra vez el exilio de nuestro verdadero yo interior.

Otra vez nos sentimos solos y desorientados y, como lo aprendimos desde muy temprano, nos prohibimos sentir; volvemos a enmudecer a ese niño impotente que llevamos dentro. Ya no sabemos cómo romper ese vínculo destructivo con nosotros mismos.

La experiencia de la propia verdad posibilita en nuestra fase adulta el encuentro con nuestro verdadero ser. No necesitaremos fingir personajes que no nos representan y que, tarde o temprano, se derrumbarán por tanta exigencia y esfuerzo de ser lo que no se es. Tampoco necesitaremos condenar a ese niño pequeño a vegetar en una prisión de soledad; en cambio, podremos acogerlo y descubrir en su alma, sus inmensas posibilidades y vivirlas en una vida real.

Una vida real tejida por el conocimiento vivo de nuestros verdaderos sentimientos y necesidades, una vida basada en el respeto a esas señales vitales, que apenas son el inicio de nuestro largo camino de crecimiento.

La vida toda entera

En la Vida nada sobra, nada falta. En la sencillez de vivir cabe la totalidad.

Soy este instante y la Vida toda entera.

El diario de los sentimientos no vividos

Es en esa zona de sombras que nos acompaña desde que nacemos, donde lo invisible es más real que lo que se hace visible ante nuestros ojos, en la parte oculta del iceberg —nuestro inconsciente individual—, donde habitan todos los niños que fuimos y seguimos siendo.

Es nuestro diario secreto de sentimientos no vividos, de emociones congeladas por tanto miedo y tanta huida para protegernos.

No es una zona de interés para la mayoría de las personas porque desde que abrimos los ojos se nos adiestra para mirar solo hacia afuera.

Un niño es muy permeable y programable, pertenezca a la cultura que sea. Lo que dicta el medio que nos rodea, los hábitos adquiridos, se arraigan con mucha fuerza en el psiquismo infantil; y una educación que nos exilia de nuestro cuerpo, de nuestros deseos, de nuestro verdadero ser, va haciendo lo suyo.

Hablar de «crianza respetuosa» no hace más que delatar la pedagogía infligida hasta ahora.

Tenemos hambre de verdad y de ternura. La verdad nos devuelve la claridad para comprender nuestra pequeñez y nuestra grandeza. La ternura, quizá el más humano de los gestos divinos, es la que nos abraza y nos sostiene ante el desasosiego de una búsqueda sin fin.

Nuestro peregrinaje hacia el mundo exterior comienza desde muy temprano. Pagamos con la vida que alguien nos mire, nos admire, nos reconozca, nos quiera, nos respete.

Es en el «círculo de los seres queridos» que se inicia ese peregrinar. Por los lazos de sangre circulan los mandatos no dichos, pero rigurosamente impuestos «por nuestro propio bien». Lazos que nos sujetan y aprisionan en lugar de contener y acompañar; lazos idealizados ancestralmente y que no suelen coincidir con vínculos de amor y respeto.

A fuerza de idealizar los lazos familiares, no advertimos que la barbarie comienza en casa. A veces, bajo un clima de aparente amabilidad y buenos modales, muchas otras en un ambiente de hostilidad y agresión a cara descubierta; la tiranía es la misma. Enmascarada o no, se sufre la misma insensibilidad, el mismo desprecio e invalidación del inmenso potencial que de manera innata todos estamos llamados a inaugurar.

Ningún niño sabe odiar, aprende a odiar; ningún niño sabe mentir, lo aprende también. No es el cielo que reparte crueldad entre las personas; ningún niño se vuelve cruel o violento si no padeció en su propia piel la violencia y la crueldad.

La tiranía de los «debería» nos desborda con urgencias y obligaciones que van moldeando y asignando roles no elegidos, y nos aleja de nuestras necesidades reales.

Se vive en una atmósfera de espera más o menos impaciente de que nos comportemos de una determinada manera, otorguemos a quienes nos crían y nos educan la alegría de ser adaptables y obedientes a esos mandatos que nadie pronuncia, pero que ya se sellaron en la propia piel.

No hay seres más extraños entre sí que padres e hijos. ¿Qué saben los padres de los sentires más íntimos, de los deseos más ocultos, de las ansias y los miedos inconfesables que se agitan en la interioridad de sus hijos?

Cuántas familias y educadores delegan en psicólogos y psiquiatras sus propios roles y funciones, que no logran ejercer con consciencia y respeto.

Cuántas psicoterapias se convierten en artificios que, a modo de prótesis, intentan suplir las funciones básicas que todo núcleo familiar tendría que proveer en la formación psicoafectiva de un niño y adolescente.

El sufrimiento humano no se deriva de una supuesta e innata voluntad de sufrir, sino de los efectos de la ignorancia con que se silencia o se deforma el potencial que todos traemos.

«El sentimiento trágico de la vida», al decir de Unamuno, está hecho de estos dramas crónicos que escriben nuestras biografías. La tragedia no está en la vida, sino en cómo aprendimos a vivirla.

El sistema pedagógico intra y extrafamiliar aún vigente es impositivo, agresivo, intervencionista, proteccionista; es un sistema pedagógico que juzga, clasifica y patologiza todo lo que no se puede normativizar.

Como dice la poeta Alda Merini: «¿Quién decide qué es normal? La normalidad es propia de quien carece de fantasía».

Hasta la imaginación está domesticada. Cualquier brote de creatividad y originalidad es inmediatamente neutralizado mediante su banalización y comercialización en el mercado para su consumo.

«La mayoría de las personas son otras personas. Sus pensamientos son las opiniones de otra persona, sus vidas son un plagio, y sus pasiones son un eslogan», dice Oscar Wilde.

Los personajes en que vivimos no se nutren del afecto, del amor y del reconocimiento genuino por quien uno en verdad es. Vivimos inconscientemente, poniéndonos máscaras para mostrar que somos algo, que somos alguien. Pero la sensación de estar colgados en el vacío nos sume en esa angustia y esa desolación interior tan difícil de soportar, porque no es nuestra esencia.

¿Hasta dónde podemos vivir sin sentimientos propios, sin necesidades propias y sin las herramientas que su reconocimiento nos otorga?

Los sentimientos y las emociones son mensajeros de necesidades y verdades que para nuestro psiquismo son cruciales; nadie puede vivir sin la verdad de lo que aconteció en su historia de vida. Tarde o temprano todo aquello que tuvimos que esconder en nuestro propio cuartito oscuro del inconsciente tiene que salir a la luz para ser amado e integrado. Nada se pierde ni desaparece hasta que nosotros mismos no escuchemos los susurros de nuestro niño silenciado. Susurros que vuelven una y otra vez, y cuando no son escuchados, se convierten en gritos de dolor bajo la forma de síntomas físicos, enfermedades crónicas o trastornos psíquicos, comportamientos autodestructivos o violentos.

El sufrimiento no es una virtud, es parte de nuestra vulnerabilidad humana. No es necesario demonizarlo. Es nuestra niñez encorsetada que busca el permiso y la comprensión empática de nosotros adultos para otorgarle la libertad de ser quien es y no lo que se debe ser.

Por más apretada y rígida que sea la red que nos sujeta y aprisiona, siempre hay agujeros por donde se cuela la propia verdad.

El último Papá Noel

Vivimos de ilusión en ilusión, de ideales en ideales moralizantes que nos paralizan. Con la inocencia propia de los niños, seguimos esperando la mágica llegada del querido Papá Noel.

El entusiasmo es propio de un corazón maduro que pone toda su potencia y su compromiso para plasmar en la realidad sus anhelos y sus sueños. La idealización es propia del alma infantil que necesita aferrarse intensamente a la idea de que es amado, valorado y tomado en serio por su entorno, por quienes dicen amarlo y valorarlo. De lo contrario, moriría de desesperación.

¿Por qué se sigue idealizando la infancia, cuando es allí donde se imprimen las mayores limitaciones y se nos infligen las heridas más profundas? ¿Por qué se sigue idealizando el amor de una madre o de un padre que, como adultos inmaduros que no completaron su formación humana, transmiten muchas veces y a pesar suyo sus propias limitaciones y carencias, al igual que todos los adultos que conforman una sociedad pobre afectiva y espiritualmente?

Vivimos en un estado de agitación constante, de búsqueda ansiosa, en un peregrinaje por los altares que glorifican una vida imaginaria e idealizada.

El psiquismo humano promedio busca permanentemente identificarse con algo o con alguien en lugar de indagar las raíces de su más honda identidad y ofrecer sus propios dones y talentos. Se declama un ideal de libertad, pero no hacemos más que depender de ídolos de barro, de ideologías que fomentan fanatismos y limitan la propia capacidad de discernimiento. Apenas cultivamos la libertad interior que nos dona la autonomía y la frescura para relacionarnos en el respeto y el cuidado en nuestros vínculos, y no en la dependencia y el sometimiento.

Proclamamos la igualdad entre los humanos, pero remarcamos con orgullo abierto o encubierto nuestra superioridad sobre nuestros semejantes, sea por idiosincrasias culturales, por creencias religiosas, por ideologías filosóficas o políticas, por habitar un suelo geográfico, o simplemente por representar una clase social. Es infrecuente que se quiera ser igual a otro; siempre buscamos sentirnos mejores o superiores.

No hemos siquiera rozado la tan declamada fraternidad en nuestra forma de convivir unos con otros. No es una cuestión religiosa, es el mayor grado de madurez que podemos alcanzar en nuestra manera de vincularnos como humanos; es compartir la riqueza singular que cada ser lleva consigo. Solo en el genuino compartir hay lugar para todos. Lo más importante es la gente y no el dominio sobre ella.

Todo se aprende. Es por eso que estamos en este planeta Tierra; aprendemos cuando aceptamos la realidad tal como acontece, sin los velos que fabrican nuestras ilusiones e idealizaciones.

La dimensión de nuestra grandeza solo se puede vislumbrar cada vez que uno se adentra en las profundidades del propio infierno interior. Nuestros verdaderos dones están en las sombras. Hay que descender al sótano de nuestra casa para iluminar lo que quedó oculto, allí donde quedaron almacenados nuestros ayeres no comprendidos.

Hay muchos niños a quienes el odio no les permitió ser adultos; hay muchos niños tristes, resignados e impotentes que no pueden imaginar una vida llena de alegría y creatividad. Esos son los niños que nos habitan, algunos lo saben y muchos lo ignoran.

Sin comprendernos a nosotros mismos no podremos ir muy lejos.

El coraje de ser humanos

Primero hube de deshelar los hielos,
después hube de calentar la tierra,
más tarde encendí las estrellas
y poblé de flores el suelo
y dejé que los animales nacieran.
Algo olvidé, sin embargo,
cuando ya había una mujer y un hombre,
algo faltaba.
Cuando ya había amor
algo todavía había que no era.
Entonces, el dolor y la muerte
que no habían sido, fueron.
Y fue vida de hombres,
no de dioses, la vida.
Y entonces sí esto era todo lo que era.
Entonces sí,
está terminada la tarea.

AÍDA BORTNIK

¿Para qué estamos en este mundo? ¿Qué hacemos en medio de una naturaleza tan majestuosa como implacable y entre una multitud humana tan diversa y tan semejante a la vez?

Vida de seres humanos y no de dioses es la nuestra. Ni dioses de ilusiones ni dioses de falsas promesas podrán colmar nuestro espíritu de amor y verdad; y quizá esa sea nuestra verdadera fortuna.

Aunque nos pasemos la vida fabricando dioses caseros, eternizando ídolos de barro que los huracanes y tormentas existenciales luego pulverizan, tarde o temprano es necesario volver a casa, allí donde reside todo lo que buscamos.

¿Hubo un «paraíso perdido» o nuestra pequeñez herida lo imaginó? Juzgar si la vida es digna de vivir o no es la respuesta fundamental a la suma de las preguntas más humanas y universales.

Vinimos a ser humanos, con todo lo que ello implica, aunque desperdiciamos gran parte de nuestra energía tratando de no serlo. Quizá por una tenaz idealización pseudoespiritual, que niega las limitaciones evidentes de nuestra condición, quizá por una miopía cuya desconfianza resignada con respecto a la vida no permite ver más allá de lo aparente. ¿No nos hemos dado cuenta aún de que, antes que nada, necesitamos ser completamente humanos aquí, en este plano?

Rechazamos nuestra condición humana, oscilando entre nuestra herencia animal, a merced de reacciones instintivas para sobrevivir en condiciones adversas, y la tiranía de todos los «debería ser», con el sometimiento que conllevan las trampas hipermoralistas o hiperreligiosas.

¿Qué puede abrir más el corazón que estar dispuesto a ser humano? ¿Qué mayor acto de amor hacia mí mismo que permitirme ser humano?

Todo aquello que buscamos, anhelamos y por lo cual recorremos mil y un caminos ya late en nosotros. Nadie puede buscar lo que no existe; si lo buscamos es porque los ojos detrás de nuestros ojos lo han visto; aunque nuestros sentidos y nuestra mente aún estén atrapados en la niebla de las ilusiones. Lo que buscamos está implícito en lo que está ocurriendo, es el mismo proceso de vivir el que nos guía; son las incontables ideas de lo que «debemos ser» y «no debemos ser» las que lo opacan todo.

Como dicta la sabiduría, ¿es posible hacerse una pregunta sin que exista su potencial respuesta?

Ignoramos muchas cosas, aunque nuestra atrevida insistencia en querer conocer nos da la fuerza y el coraje que necesitamos para seguir explorando y, de vez en cuando, hallar la alegría de descubrir esas pepitas de oro ocultas en nuestra verdad esencial.

Las palabras expresan la fatiga de nuestra irrefrenable necesidad de poner nombres al misterio que nos envuelve.

Todo lo que ignoramos es la medida exacta de lo que necesitamos aprender, aunque muchos parezcan más interesados en enseñar antes que en aprender. Aprender no es repetir las respuestas con las que fuimos formateados, ni imitar lo conocido.

La verdadera inteligencia no se llena de ruidos conceptuales sin tamizar y no vive de pensamientos anquilosados; sino que es la que aprende y jamás deja de preguntar y asombrarse.

Confiesa Wisława Szymborska en un poema: «Ayer me comporté mal en el cosmos. Pasé todo el día sin hacer preguntas y sin asombrarme ante nada».

Temblamos de miedo ante lo desconocido porque nadie nos alentó a vivir en la libertad de no saber, a otorgarnos el derecho a equivocarnos. ¿Hay alguna otra manera de aprender para nosotros, humanos? ¿Alguno nació siendo sabio?

Cuánta crueldad se destila en la exigencia de los modelos hasta ahora impuestos. No hay permiso para crecer al propio ritmo, desplegando la propia singularidad. La singularidad no es posible si no nos permitimos ser quienes somos, en el lugar y en el momento en que estamos.

Si de niños hemos sido muy exigidos por expectativas, mandatos y anhelos incumplidos del entorno, no hemos podido vivir plenamente la infancia, dedicados a buscar la aceptación y aprobación exterior para poder sobrevivir. El gozo, el juego, los ojos bien abiertos ante los nuevos e impensados descubrimientos son nuestro lenguaje primordial. Tarde o temprano, la vida se empeña en que desarrollemos todo lo que no pudimos ser, todo aquello que tuvimos que sacrificar de nosotros mismos. Insiste de la manera más sabia en que vivamos ese potencial que aún no logramos ver de nosotros mismos. ¡Tal es su magia!

La magia de la vida se despliega para quienes están dispuestos a aprender. Aprende quien admite la propia ignorancia, aquel cuyo sufrimiento es tal que depone las armas y se dispone, quizá por primera vez, a tratar de comprender.

«La amplitud de los cielos no puede ser percibida desde una abertura estrecha», dice el poeta Antonio Gala.

Todos necesitamos aprender a vivir, ya no como niños inocentes, sino como niños sabios que completaron la propia niñez.

La trama del destino

¿Por qué tendríamos que confiar en la Vida? Por más absurda e inoportuna que nos parezca, y aunque no seamos conscientes de ello, todo en nosotros tiende a que crezcamos y evolucionemos por dentro y por fuera.

¿Acaso somos los mismos después de haber atravesado dolores, sufrimientos impensados o las dificultades propias de quienes nos lanzamos a experimentar la vida?

La Vida no es la misma, aunque nos parezca repetitiva, siempre encuentra la forma de sorprendernos y sin nuestro permiso consciente nos va sugiriendo una manera más humana de habitar este mundo. A estas sugerencias las solemos llamar oportunidades para aprender o dificultades para soportar.

Destinos más oscuros o más luminosos, tragedias impredecibles y dramas que precipitan en abismos, de los cuales casi siempre brotan relámpagos de entendimiento y comprensión.

«El hombre es un falso animal... un animal nunca sustituye una cosa por otra», dice Clarice Lispector, pero nosotros sí, y vamos tejiendo nuestro destino, a veces lo desenredamos y otras, nos enmarañamos con él.

¿Qué es el destino? Como una gota de agua que no cae, como los puntos suspensivos de una frase incompleta o como la luz intermitente de un gran faro, así se va tejiendo la trama de nuestro diario existir.

Cada uno es hijo de un destino propio que se entreteje con destinos ajenos, pero cada cual es hijo de un destino individual. No todos evolucionamos al mismo tiempo y ni de la misma forma, dentro de la propia familia de origen y en el planeta mismo.

En cada nacimiento humano se recrea la historia acumulada de nuestros ancestros, que nuestros padres, de manera consciente e inconsciente, nos transmiten. Con cada célula de nuestro cuerpo, con cada sentimiento y con cada pensamiento, se van plasmando memorias de sueños incumplidos, lealtades a mandatos, deseos propios y ajenos, que van conformando la trama de nuestros días y nuestras noches y, con ellos, nuestra incipiente personalidad, antes de que las palabras nos habiten.

El destino empieza cuando inauguramos nuestra existencia en esta tierra, cuando nacemos rodeados de unas personas y no de otras; cuando habitamos un suelo y no en otro; cuando crecemos en medio de grandes obstáculos o llenos de recursos y posibilidades.

Destino es todo lo que viene a nuestro encuentro, todo lo que nos es dado o quitado, aunque nosotros sigamos creyendo que nada es elegido, que todo es fruto del azar. Esto es lo que nos enseñaron y es lo que se sigue impartiendo en cada nuevo nacimiento.

¿Por qué la palabra *destino* suele estar teñida de tragedia? Como en la antigua Grecia, seguimos creyendo que estamos condenados a repetir situaciones inesperadas e incomprensibles de las que no podemos escapar.

En las tragedias, la condena y el castigo van de la mano, una mano dura e impiadosa que lo bloquea todo y no nos permite aprender.

No podemos escapar de todo aquello que no hemos comprendido de nosotros mismos; pero ¿por qué tendría que ser lo peor de nosotros y no lo mejor de nosotros?

«La vida no es fea, está mal contada», reza un grafiti en un barrio periférico de Milán.

Hay un cansancio de vivir causado por el miedo a errar, por tanta culpa acumulada que nos hace escandalizarnos de nuestra propia imperfección, por una falta de imaginación de posibilidades que termina por encerrarnos en nuestras celdas individuales y colectivas. Por más confortable que hagamos la prisión, siempre permanecemos bajo confinamiento.

El camino del «no», el camino del «sí»

El camino del «no» es el que forjó gran parte de nuestro inconsciente; el «cuartito oscuro» que cada uno fue llenando a medida que aumentaban los deseos prohibidos, las emociones y sentimientos no admitidos, las aspiraciones incumplidas, los dones no reconocidos, los sueños propios no legitimados. Es mucho lo que sigue vivo e intacto en nosotros, a la espera de que algún día, nuestra mano amorosa y cálida, abra esa puerta tras la que clausuramos nuestro amor a la Vida.

Nacemos amando la Vida, ¿cómo es posible que luego la vida misma nos asuste? Pero no es la vida la que nos asusta, sino la manera en que nos educan para vivirla, o mejor, para no vivirla.

«El niño es un ser que investiga y descubre la vida. La curiosidad es la herramienta de descubrimiento, el juego y disfrutar sus maneras de investigar y aprender», dice Gerardo Schmedling.

El juego y el disfrute son la puerta de entrada a nuestra creatividad: sin disfrute y sin libertad para experimentar nuestra propia vida, las semillas de la verdadera alegría —la alegría interior— permanecerán ocultas al calor del sol y no podrán florecer.

¿En qué momento dejamos de jugar, de amar la Vida y de amarnos por lo que somos?

Todos los «no puedes», «no sirves», «no vales», «no sabes», «no hagas», «no vayas», «no digas» que se esconden detrás de las heridas y de los traumas fueron minando lo más preciado de nosotros, nuestro amor propio y la autovaloración.

La impotencia, la pasividad, el aburrimiento, el vacío interior y la desmotivación son la consecuencia de todos los «no» que la ignorancia plasmó en nosotros. La ignorancia es la única causa del sufrimiento humano: ignoramos nuestra esencia, nuestros dones, la grandeza que ya traemos con nosotros y que solo busca manifestarse a través de nuestra aparente pequeñez.

Tanto castigo, invalidación y exigencia ha empequeñecido nuestra capacidad de experimentar y disfrutar la Vida; apenas si nos atrevemos a mirarla por el ojo de la cerradura de una puerta estrecha. Nos hemos vuelto seres poco confiables para nosotros mismos, que habitan en un mundo amenazante, poco acogedor y amistoso.

Si hay algo que nos enferma de verdad es creer que para «ser alguien» tenemos que prescindir de nosotros mismos; es la mayor contradicción en la que vivimos. ¿Cómo prescindir de los propios deseos, de los sueños y sentires, que son nuestras herramientas básicas para vivir? Negamos nuestra propia vida con tantos «no» para encajar en los modelos que el afuera nos impone, para ser aprobados y aceptados.

Todo modelo, por más ejemplar que parezca, eclipsa nuestra identidad más profunda; desarrollamos personajes para sobrevivir, multiplicamos las máscaras que mejor se acomoden a lo que se espera de nosotros; pero no es nuestro ser interior el que resplandece.

Para transformar esta trampa limitante, la vida intenta una y otra vez llevarnos de vuelta a casa, allí donde reside lo que afanosamente hemos buscado y de donde jamás tendríamos que habernos ido. ¿Cómo lo intenta? A través de lo que llamamos destino, es decir, todas las dificultades que experimentamos en nuestras relaciones, las limitaciones en nuestra salud, las incomodidades para estar en el lugar en que estamos y las carencias o vacíos aparentes que aún no hemos podido llenar con nuestro corazón y nuestro ser más íntimo y precioso.

No hay extravío por más prolongado que parezca que pueda hacernos perder en el camino de vuelta a casa. Cuando giramos la mirada hacia nuestro infinito mundo interior y lo empezamos a habitar, comienza el camino del «sí».

Nosotros seguimos siendo ese ser de disfrute, de descubrimientos, de asombros y de hallazgos impensados. El juego y el amor son nuestro alfabeto esencial, nuestro estado natural.

Nuestra esencia siempre se va a manifestar, de una manera u otra. No puede no manifestarse, porque es lo que nos sostiene. Las máscaras, los personajes irán cayendo uno a uno, cuando ya no los necesitemos; las prótesis nunca podrán suplir lo que es naturalmente nuestro.

Cada sí que nos decimos a nosotros mismos, cada sí a lo que la Vida nos trae, es un miedo menos.

Aunque vivamos acorazados, encerrados o aislados, la Vida siempre generosa golpea a nuestra puerta, irrumpe a través de personas, situaciones mínimas o hechos contundentes, para ofrecernos una nueva posibilidad de ensanchar «nuestra puerta estrecha» y, por fin, respirar más amor, más ternura y más gozo.

Donde habita el silencio

El alma es mi ser desnudo, oculto a los ojos que no ven y enteramente abierto a los que miran con ternura.

En el reverso del cielo

En esta noche en este mundo
extraordinario silencio el de esta noche
lo que pasa con el alma es que no se ve,
lo que pasa con la mente es que no se ve,
lo que pasa con el espíritu es que no se ve;
¿de dónde viene esta conspiración
de invisibilidades?

Alejandra Pizarnik

Nuestros ojos están cansados de ver solo el revés de la trama de la propia vida y de las vidas ajenas, al que llamamos destino. No hay un minuto en que, somnolientos o despiertos, no nos preguntemos por el sentido de lo que vamos viviendo.

¿Por qué nos resulta tan incómodo vivir? Miradas estrechas, corazones congelados, manos que se cierran y no nos permiten recibir aquello que tanto anhelamos. ¿Por qué no logramos reconciliarnos con nuestra propia humanidad, explorarla, asumirla, en lugar de defenestrarla o demonizarla, como nos lo enseñaron a través de siglos y siglos de miopes tradiciones religiosas y filosóficas?

Nuestro destino como humanos está hecho de aprendizajes; no hay deudas, no hay culpas ni castigos por ser humanos. El miedo, la culpa y el desprecio por nuestra condición son hijos de la ignorancia y la incomprensión de lo que verdaderamente somos.

Nos agotamos tratando de encajar en los moldes familiares, sociales y culturales, con la ingenua esperanza de encontrar en lo viejo y conocido las verdaderas respuestas.

Cuanto más vacíos nos sentimos por dentro, más compulsivamente buscamos salidas momentáneas que nos alejan y nos exilian de lo que aún no vemos con nuestros ojos, pero que nuestro corazón intuye.

Vivimos con una añoranza de algo que fue o pudo haber sido, pero no sabemos qué.

¿Qué nos hace humanos? Habitar esta tierra fecunda de vida en sus múltiples formas, habitar de este lado del cielo, no fuera de él. Cuando cae la noche, el cielo se oscurece; y es en la oscuridad de los días que se teje esa trama de adversidades, de sombrías contradicciones, de momentos amargos e inesperados. El desamparo y la soledad radical gritan nuestra vulnerabilidad.

¿Quién dijo que el cielo sea un mítico lugar al que hay que llegar y el infierno otro lugar, del cual vanamente hay que huir?

Todo es Vida y la Vida está donde estamos nosotros, a veces iluminada y otras, oculta en las sombras, porque en nosotros habitan el cielo y el infierno.

¿Qué otro infierno puede existir que la desesperación, la desesperanza, el odio y el rencor como únicas posibilidades de estar en esta vida? Nadie elige el odio, la rabia, la destructividad y el aniquilamiento como formas de vida, son estados de inconsciencia y de ignorancia, propios de quienes no conocieron otra cosa.

Pero los cielos siempre están abiertos y nuestros ojos se abren cuando un rayo de sol nos ilumina el rostro y da calor a nuestra piel. Si nuestro corazón sigue inquieto, habrá motivos que lo impulsen a buscar lo que nuestros ojos aún no logran ver. El miedo nos vuelve obstinados o resignados, y en lugar de abrazar nuestra vulnerabilidad, nuestra ignorancia ante la propia existencia —quizá lo más humano de lo humano— lo rechazamos. Cada fragmento de humanidad que rechazamos en nosotros y en los otros es una manifestación de Vida no comprendida.

No hay nada que eliminar ni desterrar de nuestra humanidad, solo necesitamos crecer y madurar. Madurar nuestros anhelos, nuestros sueños y sentires, que, por más infantiles y banales que nos parezcan, contienen semillas de amor y de sabiduría. Nuestros deseos son memorias de nuestro verdadero ser, deformados cuando más lejos estamos de nuestra esencia, pero vigorosamente límpidos cuando la manifiestan. No hay otro sendero que el de transitar la propia madurez y no la de los otros; solo recogemos los frutos de cada etapa que completamos en nosotros mismos.

Nadie puede recorrer el sendero por nosotros, nadie puede evolucionar por nosotros; esta es la tarea más humana de todas.

El pan de la locura

¿Quién de nosotros elige sufrir, quién busca dañar a otros o dañarse a sí mismo? ¿Quiénes quieren un destino plagado de tragedias, traumas y limitaciones? Nadie lo desea y, sin embargo, vivimos como náufragos en medio de innumerables dolores y sufrimientos.

¿Qué es lo que oscurece nuestros días y no nos permite disfrutar del calor del sol, del propio sol interior? ¿De dónde provienen las sombras que, vayamos donde vayamos, silenciosamente acechan nuestros pasos? ¿Por qué todo deja de ser claro y cristalino?

Es el desconocimiento de nuestra naturaleza humana, la ignorancia y la ceguera emocional con la que crecemos y se nos educa, lo que bloquea nuestra vitalidad aunque no lo detectemos.

Cada gota de sufrimiento es una gota de vida congelada y no comprendida.

La nuestra sigue siendo una civilización de masas, mecanizada y superficial.

«Cuánta desconfianza, tensión, inseguridad y hostilidad hay en las caras descompuestas de las personas, vayas donde vayas, en comunidades grandes y pequeñas, en el mundo entero», reflexiona Sándor Márai.

Vivimos en una sociedad cada vez más preocupada por etiquetar como «locura» todo lo que se escapa por los miles de agujeros de su supuesto orden establecido; una cultura que se empeña en patologizar todo lo que hace peligrar su falso equilibrio, sofocando los soplos de vida y creatividad.

Cuántos miedos y traumas se ocultan en la vida común de las personas; personas estresadas y muertas de miedo que ignoran la potencia vital que las empuja, personas que se resignan a vivir pasivamente y a merced de lo que el destino les depare.

¿Por qué, a medida que dejamos una etapa tras otra a lo largo de la vida, nos vamos debilitando o empobreciendo, en lugar de potenciarnos en amor y sabiduría, que son nuestras cualidades esenciales? ¿En qué momento se nos arrebata la certeza de lo que sí somos y nos sumergimos en un estado de orfandad y de carencia?

Los miedos que nos habitan son el pan nuestro de cada día, un pan que no alimenta, que no solo no sacia ningún apetito, sino que envenena nuestra hambre más pura y esencial.

De manera natural, los niños piden ternura, calor humano y afecto. Y a nosotros, ya adolescentes, adultos y ancianos, también nos muerde el corazón esa hambre de verdad, de amor y de ternura. La diferencia con nuestra alma de niños es que la vergüenza o el orgullo nos van convirtiendo en personas que solo muestran lo que se espera de ellas y se fusionan con sus máscaras o corazas. Vivimos en estado de alerta y de tensión, de ataque o defensa, y luego nos preguntamos cómo es posible que nuestra riqueza vital y su fuente de recursos se vaya agotando.

Nunca serán los deseos, los sueños y los sentires más íntimos los que amenacen nuestro verdadero ser; son los miedos los que pervierten nuestro impulso vital: sentimos pavor simplemente por imaginarnos hacedores de nuestros anhelos más genuinos.

Vivimos por el hábito de vivir y en cada gesto, en cada paso, en cada decisión, estamos envueltos en una trama microscópica de miedos y más miedos. Detrás de las historias de dolor que van esculpiendo los rostros más deshumanizados, hay traumas y terrores que no encuentran otra salida que el desprecio por la propia vida y la de los otros.

Vivimos entre el miedo constante a cometer errores y la culpa por haberlos cometido; la función bloqueadora de la culpa nos aleja del verdadero ser. El miedo y la culpa son hijos de la ignorancia, que no nos permiten ver ni comprender que cada error es una oportunidad de aprendizaje, y cuando aprendemos, vislumbramos la grandeza de nuestra naturaleza humana.

¿Quién puede aprender en medio de tanto castigo y de tantos juicios condenatorios que no hacen más que castrar nuestras potencialidades?

Todo en nosotros es vida y la vida es pura inteligencia de amor.

El miedo niega nuestra inteligencia de amor, nos convierte en analfabetos emocionales e ignorantes de nuestro verdadero proyecto evolutivo.

Todas nuestras limitaciones psicológicas se manifiestan en forma de bloqueos emocionales: dificultades de aprendizaje o de maduración en cualquier área de nuestra personalidad. No son más que la consecuencia, y no defectos propios, de experiencias muy tempranas de miedos intensos. Nada congela nuestra vitalidad original como el miedo y el terror.

Si nuestro destino es crecer y evolucionar, ¿no será el miedo, bajo todos sus disfraces, ese «eslabón perdido» que no hemos sabido integrar a favor de nuestro crecimiento y madurez humana?

Nada sobra y nada falta en lo que nos fue dado en esta vida y en este mundo que habitamos.

Una profunda empatía con nuestra historia y con nosotros mismos nos devuelve la vitalidad perdida. Pero es necesario el coraje de verlo todo y sentirlo todo. No es evitando la vida y negando nuestra humanidad como crecemos. No hay atajos para eludir nuestro lento camino de evolución y transformación.

El agua que quita la sed

> *Tenemos que respetar nuestra debilidad, son lágrimas suaves de una tristeza legítima a la que tenemos derecho.*
>
> *Todos aquellos que hicieron grandes cosas, las hicieron para salir de una dificultad, de un callejón sin salida.*
>
> Clarice Lispector

Cuando seguimos los dictados de voces que no son nuestras, nuestros sentidos se anestesian, y con ellos, se ensombrece nuestra capacidad de ver, de captar y descubrir la propia magnificencia.

No es posible madurar nuestra afectividad, sensibilidad e inteligencia si no se nos permite sentir y legitimar nuestras emociones y sentimientos. Es un alfabeto que necesitamos aprender para poder erigirnos como humanos.

La oportunidad de vivir está inscripta a fuego en nuestro corazón y solo la experiencia de la propia verdad nos abre las puertas a ese mundo afectivo, muy tempranamente cancelado por el miedo, cuando aún no teníamos las palabras para nombrar nuestros deseos y necesidades.

El descubrimiento de la verdad personal —y no la de los otros— nos libera de paraísos fingidos, colmados de ilusiones y expectativas ajenas o bien del autodominio artificial que nos hemos impuesto trabajosamente para alcanzar valores morales que nos enorgullecen, sin advertir el letal empobrecimiento de nuestra interioridad.

Todo sigue vivo en nosotros, es la dinámica inherente y propia que va estructurando nuestro psiquismo, y su fuerza deriva de nuestro inconsciente, allí donde nuestros deseos sin máscaras, los sentimientos y necesidades silenciadas, lejos de ser una amenaza a nuestra vitalidad, son los canales que nos llevan a ella.

Nuestra memoria emocional siempre estará a nuestro servicio, enviándonos sus señales y mensajes, nuestro cuerpo lo sabe y se rebela hasta que podamos escuchar lo que tienen para contarnos: ¿qué parte de nosotros tuvimos que sacrificar, a qué nos invitan esos susurros sutiles o altisonantes de nuestro inconsciente? ¿Por qué tememos lo que se oculta en nosotros en lugar de advertir señales que nos impulsan a vivir y ya no a sobrevivir?

El sentimiento de culpa constante bloquea el contacto con esos sentimientos que no son bellos, nobles ni pacíficos, es precisamente allí que germinan los brotes de nuestra potencia vital y real. Las pepitas de oro están en nuestra sombra e irradian su propia luz.

¿Existe una inteligencia específicamente emocional? Quizá si nos otorgamos el permiso de sentir esas emociones y sentimientos largamente encarcelados en nuestro sótano oscuro —y después del duelo necesario que comporta—, pueda abrirse la puerta a una riqueza inesperada. La verdadera inteligencia nace de la libertad interior de vivir con plena consciencia las emociones más primarias, las más temidas, porque sabemos que allí late nuestro «corazón salvaje»; sin cálculos ni estrategias para manipular nuestra rabia, nuestra tristeza, nuestra ira y todo ese remolino interno que nos trae mensajes valiosos, nunca inútiles para nuestra existencia.

A veces utilizamos la inteligencia racional para camuflar y no legitimar esa corriente de vida que nos lleva a la fuente benefactora que reside en nosotros: ¿qué queda cuando nos liberamos de esa agitación mental con sus vaivenes emocionales que parecen arrasarlo todo? Cuando las tormentas ceden y las nubes se apartan, el sol interior sencillamente brilla.

Nuestra ignorancia va dejando espacio a la inteligencia del amor, de la ternura, del afecto y del irrenunciable anhelo de comunicación humana; es el agua que quita la sed.

Desanudar el corazón

Era feliz, pero nunca nos damos cuenta de que lo somos y me pregunté por qué la asimilación de un sentimiento tan benévolo nos encuentra siempre tan poco preparados, descuidados, a tal punto que solo conocemos la nostalgia de la felicidad o su espera perenne.

MARGARET MAZZANTINI

La infelicidad no es nuestra verdadera naturaleza. Hemos crecido con tanto miedo, con tanta culpa e invalidación, que nuestro corazón de carne poco a poco ha ido dejando de vibrar hasta convertirse en un corazón de piedra, muy a pesar nuestro.

Acorazados, nos asusta sentir toda la gama de emociones y sentimientos y experimentar la vida en cada una de sus manifestaciones. Cuántos fantasmas ridículos hemos obedecido en nombre de una religión sin espiritualidad, de modas ideológicas y estériles, de ideales ajenos y empobrecedores.

Nuestro corazón se ha ido comprimiendo bajo nudos de dolor y sufrimiento, de ansias y exigencias, de impotencia y desesperanza, que sofocan nuestro potencial, hecho solo de cualidades.

¿Quién puede, en semejantes condiciones psicológicas, adueñarse de su propia singularidad y atreverse a llevar una vida gozosa y creativa?

El permiso de sentir

No hay manera de conocernos y de llegar hasta lo más hondo de nosotros mismos si no nos damos el permiso de sentir. Todo es vida en nosotros, como el agua que fluye, que todo lo fecunda si fluimos con ella.

Necesitamos darnos permiso porque fue algo prohibido o, al menos, obstaculizado.

La educación como acoso a la vitalidad cumple esa función; las barreras a una vida lúcida, despierta y gozosa se levantan desde muy temprano.

Nuestra condición animal es parte de nuestro devenir humano, mientras tengamos un cuerpo. El instinto no sabe de sentimientos, está al servicio de nuestra supervivencia y las emociones primarias son sus mensajeras. La ira, el miedo y el placer son parte de este alfabeto básico.

Nuestra condición racional está indisolublemente unida a nuestro sentir: pensamos como sentimos y sentimos cómo pensamos. Pero como apenas somos conscientes de lo que sentimos y lo que pensamos, nuestros sentimientos y pensamientos no van de la mano y chocan entre sí. Son este tipo de conflictos internos los que más consumen nuestra energía vital, y no nos damos cuenta.

Cuántas mentes ilustradas y supuestamente civilizadas tienen, en lo más oculto de sí mismas, comportamientos de mera supervivencia y hasta de canibalismo.

Las grandes masacres en la historia de la humanidad no las cometieron monstruos extraños —como muchos prefieren creer— sino personas comunes, aparentemente pensantes, pero con un arsenal de sentimientos de odio o rencor inconscientes jamás asumidos como propios. Cuando no asumimos nuestro mundo emocional y afectivo, cargado de negatividad, lo proyectamos en el mundo que nos rodea. Así se crean enemigos en todas partes y a cada paso. En lugar de neutralizar nuestra negatividad, buscamos aniquilar a los supuestos enemigos.

¿Cuál es, entonces, nuestra condición específicamente humana?

Madurar es despertar a la Vida. Ser conscientes de nosotros mismos y de la Vida en todas sus manifestaciones es una potencialidad específicamente humana. Es una conquista gradual para la inmensa mayoría, y es lo que nos humaniza.

El estado de inconsciencia es propio de todos los reinos que nos preceden, y de nosotros también, si no evolucionamos.

Finalmente, evolucionar es nuestro destino; vivir despiertos es nuestra mayor bienaventuranza.

¿Qué es lo más revelador acerca de nuestro estado de consciencia? Cuando empezamos a vernos a nosotros mismos, lo primero que viene a nuestro encuentro es nuestro sentir que, como un caleidoscopio, gira dentro de nosotros con los múltiples matices de las emociones, los sentimientos y las creencias instaladas. Cuando nos atrevemos a abrir la primera puerta, recién entonces comenzamos a hacer realidad nuestro mayor anhelo: habitar nuestra interioridad, la casa propia.

Los sentimientos nos hablan de nuestro estado interior, nos guste o no reconocerlos como nuestros. Las personas, las situaciones que se nos presentan, no hacen más que abrir, con o sin nuestro permiso, las puertas de nuestro «cuartito oscuro» y desencadenan ese dolor hasta ahora enmudecido, que bulle dentro de nosotros. Nuestra memoria inconsciente es de una gran precisión, conserva el archivo emocional de todo el sufrimiento que tuvimos que ocultar para poder seguir adelante. Los sentimientos bellos, nobles y serenos ya están con nosotros, pues nunca se reprime la dicha y el placer, solo que permanecen opacados porque hemos quedado atrapados en las trincheras del sufrimiento. Cualquier intento compulsivo de fuga siempre será vano porque no podemos huir de lo que llevamos dentro.

No hay que atribuir al azar sino a la historia oculta y almacenada en nuestro cuerpo, en nuestro inconsciente, las elecciones que hemos hecho y las decisiones que hemos tomado por miedo y no por amor a nosotros mismos.

Si prestáramos atención, ¡cuánto conoceríamos de nosotros mismos, de nuestra historia! Sería mucho lo que podríamos aprender, no como lecciones punitivas, sino como epifanías que vienen a revelarnos el oro que llevamos dentro, recubierto por barro.

Pero nuestra mente inquieta en su continuo ir y venir de elucubraciones, interpretaciones y contradicciones, va recubriendo las capas del sentir con juicios y categorías que reducen nuestra visión a una mirada superficial que solo ve las apariencias.

Cuando calificamos los padecimientos de un ser humano como locura y enfermedad, ese sufrimiento se vuelve a silenciar y a ocultar. Cuando etiquetamos y clasificamos en nombre de la salud —como se hace habitualmente con rótulos cada vez más empobrecedores—, solo estamos marcando un umbral. La verdad más potente está detrás de él.

Como capas geológicas que se van sedimentando una sobre otra, así se van sepultando nuestras emociones y sentimientos en los estratos profundos de nuestro psiquismo, y permanecen allí, vivas y latentes, hasta que les demos el permiso para que nos cuenten, sencillamente, qué es lo que vivimos en su momento, y comprender así cómo nos hemos convertido en la persona que somos.

La ceguera emocional

Los sentimientos no matan, los sentimientos no destruyen. Ellos son nuestros aliados a la hora de conocer nuestros dones y nuestras limitaciones. Es la prohibición de sentir la que destruye nuestra capacidad de ver, de percibir y darnos cuenta de lo que nos hace sufrir y de lo que necesitamos. Todo dolor grita o susurra una necesidad propia, no escuchada.

¿Cómo voy a respetarme a mí mismo si no tomo en serio mis verdaderos sentimientos? Cuando suprimimos nuestro sentir más hondo, funcionamos con una máscara.

Cuando no nos permitimos acceder a nuestro sentir con honestidad, nos convertimos en seres sin empatía y a la defensiva, que creen que el enemigo está afuera. En realidad, nosotros nos convertimos en nuestros enemigos internos, en tanto nos censuramos, nos condenamos y nos castigamos por el simple hecho de sentir lo que sentimos.

Cuando negamos nuestros sentimientos y nuestras emociones, nos estancamos. Vivimos en la confusión y en la niebla, sin saber a dónde ir o de dónde partir.

«¡Todo tiene sentido durante un segundo! Luego vuelve a descender el velo y te quedas solo, de nuevo perdido entre la niebla, errante, sin rumbo. Nosotros los habitantes de la niebla solo sabemos balbucear», dice Eugene O'Neill.

La ceguera emocional es el resultado de haber reprimido, en nuestros primeros años, las vivencias, los sentimientos que fueron lesionados y que ya no reconocemos como propios. Un niño hace de todo para obtener el calor, la atención y la protección amorosa de sus padres; como una planta que busca siempre el sol, se adapta al clima emocional que se teje a su alrededor y la mayoría de las veces sus necesidades quedan postergadas.

Lo más afortunado que nos puede pasar es recibir un afecto tranquilizador y una protección liberadora desde el comienzo y mientras vamos creciendo. Pero lo cierto es que aquellos que no tuvimos esa feliz experiencia crecimos con heridas limitantes y sin cicatrizar.

Los traumas que más lesionan nuestra integridad se producen en la infancia y son los que más perduran porque dañan a un psiquismo que se está formando, de ahí que sus improntas sean tan profundas y duraderas. Pero no tienen por qué ser eternas, como nos han hecho creer; se necesita coraje para entrar en nuestro mundo interior y no dejarse distraer con tantos discursos enajenantes.

Detrás de todo trauma hay una historia de humillación de los propios sentimientos y necesidades. Aquellos niños cuya identidad fue vulnerada, más tarde no sabrán lo que de verdad necesitan y cómo orientarse en la vida para crecer y desarrollarse.

Esas necesidades postergadas por desatenciones y heridas tempranas nunca desaparecen, siguen vivas en nuestro inconsciente y su única vía de comunicación son las emociones y sentimientos. Son vivencias cuyos efectos dramáticos se hacen visibles a través de malestares y disfunciones.

Empezar a tomar en serio lo que sentimos, avalarnos y no subestimar nuestro sentir, por más encriptado y subjetivo que pueda parecer, es nuestra primera brújula, no la única ni la última; una brújula propia, no ajena.

Los primeros peldaños para empezar a conocernos son nuestro mundo emocional y afectivo, allí donde residen las heridas y los traumas.

Para trascender nuestra rabia, resentimiento y tristeza, nuestros miedos, la desconfianza, el descontento, la apatía y todas esas emociones y sentimientos que nos asaltan sin aviso previo y nos desestabilizan, antes que nada es necesario tener la humildad de reconocer que existen en nosotros zonas sombrías, zonas gélidas que necesitan luz y calor para ser integradas como partes valiosas de nuestra historia íntima e individual.

Quienes demonizan lo oscuro no se han permitido aún sentirse acariciados por la luz y el calor del propio sol interior.

Esta es la primera capa geológica con la que nos vamos a topar, formada por años y décadas de sufrimientos y eventos que nos forjaron en la ignorancia, nunca comprendidos y mucho menos asumidos como parte de nuestra historia personal. Es tan inútil tapar la oscuridad como nocivo y destructivo castigarnos, menospreciarnos y culpabilizarnos por ese fragmento de humanidad que aún no hemos podido madurar y sanar.

Si nos damos el permiso de sentir, reconocer y asumir lo que aflora en nosotros, nos hacemos responsables de nuestro destino y no lo proyectamos sobre otros, infligiéndoles nuestro dolor.

La luz es mucho más potente que la oscuridad que nos habita; simplemente necesitamos iluminarla. Iluminar es ver, abrir los ojos y permitirnos sentir todo ese malestar que es un indicio del frío emocional y afectivo con el que crecimos.

El calor entibia los corazones y el frío los congela; pero aun en el frío más extremo, nuestro «sol interior» sigue presente, nadie nos lo puede arrebatar, por más penurias que hayamos atravesado. Es la fuente de calor interna que nos puede devolver a la claridad del día y de la Vida misma.

El niño que el adulto lleva dentro de sí lo sabe: está a la espera de una nueva oportunidad para ser escuchado y abrazado en libertad.

El asalto a la verdad

Los niños poseen lo esencial del ser humano y llegan a este mundo para expresarlo en libertad y en comunión con los demás.

En lo esencial está la singularidad de cada niño, portadora de potencialidades creadoras de lo nuevo. Un niño lleva los genes de sus padres, pero tendrá que ser necesariamente diferente a ellos, pues su destino es madurar y madurar es aportar algo nuevo.

Lo primordial es la disponibilidad del adulto; todo niño necesita una relación de respeto a la integridad de su persona, ser tomado en serio en sus necesidades y en su forma única de comunicarlas.

¿Es esto pedir demasiado? Todo en él ya es lenguaje, deseo de comunicación. Oye y comprende todo, aunque cuando es pequeño aún no sabe hacerse oír y darse a entender.

Si los adultos fuesen maduros, no harían más que velar para que un ser pequeño desarrolle su singularidad y escape al riesgo de la imitación y de la sumisión.

Pero, para la inmensa mayoría, se instaura la trágica condición infantil: al niño se le exige que se amolde a las expectativas adultas, cuando psíquicamente no puede sostenerlo, o se infantiliza, como si fuera un ser vivo carente de sensibilidad e inteligencia propias. Se lo «adultiza» o se lo «infantiliza», interrumpiendo su proceso natural de ser simplemente niño hasta que deja de serlo, a un ritmo y tiempo propios.

Lo más importante de nosotros quedó interrumpido o bloqueado en nuestros primeros años de desarrollo. A medida que vamos creciendo, nos sumimos en un letargo para no volver a sentirnos como esos niños pequeños y vulnerables que fuimos en su día todos nosotros. Pero la Vida que somos, como el agua que fluye, busca manifestarse a pesar de los obstáculos; tal es su potencia.

«Las personas que perdieron sus sentimientos en la infancia no saben nada de sus miedos», dice Alice Miller.

¿Por qué para crecer necesitamos reprimir tanto de nosotros?

Navegamos en el mar de la vida como un iceberg, cuya superficie es apenas visible en comparación con su parte más profunda e inmensa, oculta bajo las aguas heladas e invisible para aquellos ojos que no ven más allá de lo aparente.

El miedo lo oculta todo, y mediante un constante ejercicio de autocontrol tempranamente aprendido, nos esforzamos inútilmente para que nada nos perturbe. Nuestro inconsciente se agiganta y se va convirtiendo en un abismo inabarcable e incomprensible que pareciera estar no a favor, sino en contra nuestra.

El miedo es el mayor vasoconstrictor a nivel fisiológico y el mayor bloqueo limitante que nos impide crecer y madurar afectiva y psicológicamente. El miedo contrae y empequeñece la Vida que late en nosotros, nos paraliza, bloquea nuestra capacidad de sentir y pensar con claridad.

Cuántas estrategias de supervivencia hemos inventado para no volver a sentir, creyendo que no sentir nos evita el sufrimiento. Pero sucede exactamente lo contrario. Tener la oportunidad de estar cara a cara con nuestros sufrimientos largamente ignorados y rechazados por miedo, de poder vivenciarlos de manera consciente —y no meramente intelectual—, nos devuelve la vitalidad sofocada y con ella, nuestra salud.

Salir de la jaula emocional siempre es saludable y no destructivo. ¿Con qué mano podemos abrir la puerta de nuestra jaula? Una mano intangible, amorosa, tierna y luminosa que no aprisiona, no sanciona y que todo, absolutamente todo lo abarca y deja ser.

El miedo tiene sus recorridos impensados e inesperados que nos asaltan y rompen todo equilibrio y estabilidad aparente en nuestra vida.

Los síntomas son el lenguaje que utiliza nuestro psiquismo para expresar su malestar; lo hace a través del cuerpo, de desequilibrios emocionales, mentales y de los comportamientos.

Todo en el ser humano es lenguaje, siempre estamos expresando algo más profundo que está justo detrás de lo que aparece ante nuestros ojos.

Detrás de todo síntoma hay deseos y necesidades silenciadas; todo deseo siempre es un deseo de comunicación que hace vivir al corazón y al espíritu humano.

Todo síntoma siempre nos da la posibilidad de revivir y elaborar conscientemente los padecimientos de la infancia; en cualquier momento de la vida que se presenten, en la adolescencia, la adultez o la vejez.

Un síntoma o enfermedad no son un cuerpo extraño, sino parte del proceso de sanación y transformación.

Ningún síntoma miente. Nos asalta con la verdad más subjetiva y más honda de nosotros mismos. Una verdad repleta de necesidades ignoradas y sentires ocultos por el miedo a vivirlos en libertad.

Son muchas las verdades que ignoramos y sofocamos y que necesitamos escuchar y comprender para liberarnos, finalmente, de cargas que como pesadas bolsas de arena convirtieron nuestros pasos en un caminar lento y errático.

La Vida está a favor y no en contra nuestra. Hay una ley natural según la cual el ser humano rehúye del dolor y no lo busca. Siempre estamos buscando placer, alegría y sosiego. Si nos asustamos ante las dificultades que se nos presentan, como nos suele suceder, no es porque nuestro propósito sea sufrir y perdurar en el dolor, sencillamente es la consecuencia de maneras muy limitadas y aprendidas de encarar la vida y transitarla.

No se puede trascender el miedo y el dolor ignorándolos o evitándolos. La falta de sensibilidad con la propia historia termina siendo un callejón sin salida.

Las emociones y los sentimientos son nuestro alfabeto básico, aliados indispensables para emprender el camino de la sanación. Sanar es madurar y con la madurez disipamos nuestros dramas y las heridas empiezan a cerrarse.

Es un camino de integración porque la verdad, como el amor, lo incluye todo, y no hay ningún rincón humano que no pueda ser iluminado.

Una vida interrumpida

Vida que me empujas en medio del mar, me haces llorar y bailar. Vida que cada día me devoras entre las cosas que jamás hice y las promesas a medias, mientras pienso que este no vivir es ya morir.

¡Ah, qué vida maravillosa!, esta vida dolorosa, seductora, milagrosa.

DIODATO

¿Qué vida estoy viviendo? ¿La mía o la de los otros? ¿Por qué, estemos donde estemos, hagamos lo que hagamos, sabemos tan poco de nosotros mismos?

Los años y la vida pasan, y nosotros seguimos ignorando las cosas más importantes, aquellas que nos dan verdadero sentido y sostén, y que acontecen de la piel para adentro. Nuestros deseos genuinos, los sueños que nos inspiran, todos los miedos aprendidos que creemos nuestros y nos siguen bloqueando, están a la espera de que nos liberemos y nos abramos a la Vida con más confianza.

Detrás de todas las máscaras de dolor, con sus padecimientos más diversos, detrás de todos los nombres y las etiquetas que con tanto afán utilizamos para sellar el sufrimiento humano, hay una nostalgia de Vida. No de esa vida sin brillo ni luz propia que nos arrastra día a día, hecha de acontecimientos repetitivos.

Nos conformamos con casi nada como si fuera casi todo, pero pareciera que detrás de ese todo hay una especie de vacío y tristeza que no es de este mundo; una nostalgia profunda y existencial que ningún manual de psicología logra poner en palabras. Es algo propio de nuestra condición, que nos susurra el más humano de los dolores humanos: vivir exiliados de nosotros mismos.

Exiliados de nuestro cuerpo, exiliados de nuestros sentires, exiliados de nuestro núcleo más íntimo, donde late el Ser.

En «el reino del revés» se vive en la periferia del territorio más sagrado que nos fue dado, nuestra interioridad. Lo que somos es precioso. Solo cuando reconocemos que algo valioso está en nuestras manos, lo cuidamos y protegemos.

¿En qué momento y de qué manera nos empezamos a volver ignorantes de nosotros mismos?

Es inútil que nos refugiemos en gurúes, líderes o maestros que brotan por doquier, para todos los gustos (y sinsabores). Es ilusorio aferrarnos a ideologías y creencias que, más que abrir caminos, nos encorsetan con dogmas que nos sumen en la ignorancia. Todo dogma se alimenta del miedo de sus adeptos a quedar excluidos de la «tierra prometida».

Habitar nuestro territorio sagrado es honrar lo que somos, dejar por fin ese estado de carencia e insuficiencia propia de quien vive en un exilio no deseado.

¿Por dónde empezar entre tanta desorientación?

Lo primero es habitar el cuerpo, nuestra casa material y visible, en la cual necesitamos cobijarnos para estar en esta tierra. Habitar nuestro cuerpo es sentirlo, vivirlo y escuchar sus constantes mensajes. No podemos huir de nuestro cuerpo como no podemos salirnos de nuestra propia piel. En nuestra cultura, el cuerpo es lo que menos vivimos, la mente ha ocupado todo el lugar.

Hemos diseccionado el cuerpo como un objeto de estudio, despojándolo de su vital subjetividad. Una medicina que no incluye la vida emocional y psicológica que anima nuestro cuerpo no puede llegar muy lejos. La máquina publicitaria impone modelos estéticos en donde el cuerpo es un objeto decorativo y el objetivo es contrarrestar el paso del tiempo y simular una belleza carente de brillo interior.

El lenguaje del cuerpo es el de las emociones y los sentimientos; el reflejo más fiel de lo que hemos hecho con nosotros mismos. Nuestra sordera y ceguera emocional es traspasada por los mensajes de nuestro cuerpo; en todo síntoma o enfermedad se codifican aquellas verdades ocultas de nuestra historia personal que no pudimos integrar.

Si nos empeñamos en ignorar nuestra verdad interior, el cuerpo, nuestro aliado más fiel, nos lo mostrará una y otra vez y, a veces, hasta nos gritará ese dolor que aún no hemos podido abrazar y comprender.

¿Cuál es la emoción más censurada y reprimida? El miedo a sentir, porque en nuestro interior todavía vive el niño asustado e impotente, un niño no integrado, cuyos miedos e impotencia nunca pudieron ser aceptados ni vividos en forma consciente.

Hasta que, por fin, perdamos el miedo al propio sufrimiento y escuchemos sus mensajes como señal de cuidado y preservación.

«Que tu mente esté donde está tu cuerpo», dice la sabiduría ancestral. Precisamos una mente flexible, atenta y a la escucha de los mensajes de equilibrio o desequilibrio que nuestro cuerpo nos envía.

Hay una sabiduría propia del cuerpo que tiene reservada para nosotros fragmentos de nuestra verdad más íntima y preciada. Verdades que siempre están a favor de la vida y no en su contra.

Habitar el sentir y el pensar es habitar el espacio interior de nuestra casa, un espacio invisible de sentimientos y pensamientos que no se ven, pero llenan todos los rincones. Muchos son los rincones ocultos donde se esconden nuestros sentimientos verdaderos, que aún no nos hemos dado el permiso de descubrir y sentir.

Vivimos como en una «casa tomada»[5] por todos los «debería» y «no debería» que atenazan nuestro corazón y nos aprisionan en una angustiante supervivencia. Ocupan la mayor parte de nuestro espacio con pensamientos y sentimientos ajenos, que obedecemos, repetimos y propagamos sin cuestionar. Son pocos los sentimientos y pensamientos propios, aquellos que nacen de un corazón maduro, cuyo sentir y pensar brota de la fuente más profunda que nos sostiene y nos habita, el propio Ser.

Es el poder de la Vida misma que late dentro de nosotros, que escapa a todas las formas y apariencias, cuyo lenguaje es el silencio —un lenguaje sin palabras—, el que nos invita, una y otra vez, a recorrer el único camino que nos lleva a casa: habitar el propio Ser.

Cuando nos liberamos de nuestros miedos y culpas aprendidas, se abren las puertas a nuestro propio ser.

Este camino fue clausurado para nosotros desde el inicio. ¡Nos hemos desviado tantas veces! Nos alejamos sin darnos cuenta, emprendiendo viajes muy largos y hacia ninguna parte. Y no obstante, nunca nos hemos perdido

5. Referencia al cuento de Julio Cortázar «Casa tomada».

porque, de manera consciente o no, siempre estamos volviendo a nuestro territorio sagrado, a nuestra interioridad, allí donde somos nosotros mismos.

Hay un secreto que los dioses grabaron a fuego en nuestro corazón —no sabemos si por descuido o fue su generosa intención—; un secreto que nadie puede borrar: la única elección realmente importante es entre el temor y el amor.

Detrás de todas las máscaras y las estrategias de nuestra crédula ingenuidad para aprender a vivir, hay un solo lugar a donde volver, un solo corazón donde estar. El camino más largo es el viaje hacia lo más hondo de nosotros mismos, y consiste en abrazar todo lo que encontremos en nuestro recorrido, sobre todo, lo que aún no aceptamos ni amamos de nosotros mismos. ¿Quién puede hacerlo por nosotros? Nuestro cuerpo limitado e imperfecto, nuestra personalidad inmadura y contradictoria, los sentimientos no deseados, aquellos deseos jamás confesados y rechazados por puro miedo. Todo es Vida porque nosotros somos Vida. Es nuestro corazón el que puede iluminar lo que hay de sombrío en nosotros y dar calor al frío emocional que aún nos hace temblar y nos impide amar lo que sí somos.

El fruto prohibido

El milagro ocurre cuando uno ve, pero ¿cómo ver en «el reino del revés», donde casi todo está prohibido, excepto la ignorancia?

Nacemos inocentes, estrenando una nueva existencia, con ojos bien abiertos para descubrir y brazos extendidos para abarcar la inmensidad que nos espera. Pero gradualmente nos volvemos ignorantes de nosotros y de toda esa Vida que estamos llamados a vivir.

De entre los muchos frutos prohibidos por la ignorancia hay uno que aún hoy, según pasan las modas científicas, filosóficas, religiosas, se sigue menospreciando: nuestro sentir.

Prohibido sentir lo que sentimos sin enmascararlo, enjuiciarlo y, mucho menos, sin condenarlo.

Los sentimientos se sienten y luego se comprenden; son fragmentos de nuestra historia que nos ayudan a recordar lo que vivimos en su momento y no pudimos integrar y comprender. ¿Se puede enjuiciar un recuerdo o condenar nuestra memoria individual? Y, sin embargo, es lo que hacemos constantemente, banalizando lo que sentimos, no prestándole atención y subestimando su contenido.

Un sentimiento nos da la clave para comprender la historia personal, no la historia universal de la humanidad. Nos permite enterarnos de lo que realmente hemos vivido en nuestra infancia, conocer las raíces verdaderas de nuestros padecimientos psicológicos. Solamente en nuestra historia única y personal podemos encontrar la llave perdida de nuestros sentimientos para comprender nuestro destino y trascenderlo.

¿Son los sentimientos subjetivos? Los sentimientos son recuerdos y los recuerdos siempre son subjetivos, porque es nuestra manera única de sentir y captar el mundo que nos forjó. En todo caso, tendríamos que preguntarnos: ¿por qué invalidamos lo que es subjetivo? ¿Por qué nuestra verdad es menos verdad y otorgamos más autoridad a voces externas que podrán orientarnos, pero jamás pueden sustituir nuestro sentir?

La propia verdad siempre será subjetiva y no puede ser sustituida por otras verdades que no sean nuestras; la propia verdad sirve para conocernos y es apenas el comienzo de nuestra aventura humana de vivir.

Como no nos enseñan a familiarizarnos e integrar los recuerdos y lo que sentimos como parte preciosa de nuestra biografía, quedamos a merced de corrientes internas que, como un oleaje imparable, nos llevan de un lugar a otro, nos impiden saber dónde estamos, reconocernos. Como no sabemos y nos sentimos perdidos, obedecemos —la estrategia más antigua para poder sobrevivir—. Obedecemos dogmas familiares, religiosos, sociales y culturales que se empeñan una y otra vez en desestimar esa parte vital y primaria que son nuestros sentimientos. Es el «eslabón perdido»: sin él, jamás podremos conocernos a nosotros mismos, y sin este conocimiento, ¿cómo podremos orientarnos en un mundo caótico y confuso?

¿Puede florecer algo humano en este clima de obediencia, donde reina el miedo, la sumisión, la culpa y el temor al castigo?

Nos pasamos la vida sometidos a mandatos y autoridades externas, con la ilusión de que allí encontraremos lo mejor de nosotros mismos. Sacrificamos nuestros anhelos, nuestros sueños más genuinos en pos de voces que no son nuestras. No vemos con nuestros propios ojos, no honramos nuestro verdadero sentir y pensamos con mentes de otros. No obstante el progreso científico y tecnológico, la nuestra sigue siendo una cultura de masas, fácilmente sugestionable y manipulable.

Nuestros días se cierran en la noche del miedo. El mandato de la ignorancia con el que crecemos nos impide distinguir lo falso de lo verdadero, lo que nos potencia de lo que nos debilita; en esto radica la importancia, antes que nada, de conocernos a nosotros mismos.

La angustia más profunda no siempre nace del miedo a morir. Nuestro mayor miedo y pesar es morir sin haber vivido, vivir a medias, porque hemos aprendido a rechazar la vida que pulsa dentro de nosotros y no a acogerla con confianza.

La destrucción y la autodestrucción que gobiernan la vida de muchas personas bajo la forma de adicciones, maltrato, comportamientos violentos y descuido extremo, tienen sus raíces en una edad muy temprana. Ninguna persona se convierte en violenta de la noche a la mañana; hay miles de eslabones previos que van conformando, lentamente, esa cadena de destructividad y desconsideración. Esos eslabones resultan imperceptibles a los ojos vendados de una sociedad tan agresiva como la nuestra, por lo cual solemos asistir como testigos pasivos y ajenos a los desenlaces violentos y brutales que vemos diariamente a través de las noticias.

Detrás de todo rechazo hay temores y culpas no reconocidas, no asumidas. Las personas que no han podido desarrollar empatía consigo mismas, con su propia historia, que están desconectadas de sus verdaderos sentimientos, han crecido muy solas, no por la ausencia física de otros, sino por no sentirse acompañados en sus genuinas necesidades emocionales, cuya sobreadaptación forzada fue la forma de sobrevivir.

En esa soledad infantil nacen nuestros mayores temores y se instalan los traumas más importantes. Un niño no sabe, no puede adaptarse al mundo supuestamente adulto, porque no lo entiende. Necesita sí o sí de una presencia empática y no dominante que lo acompañe y no lo confunda con sus propias necesidades no satisfechas.

A medida que crecemos y nos vamos alejando de lo que vivimos y sentimos en su día, nos quedamos solos con nuestros miedos y sufrimientos. Todos nuestros comienzos fueron duros, si no fuera así, no navegaríamos en este océano de desamor y desamparo.

Las verdades de la vida son simples: hay un origen para todo, ninguna persona se llena de odio, de rencor e impulsos violentos y destructivos si desde sus comienzos ha crecido rodeada de ternura, cercanía afectiva, respeto, comprensión y protección.

Qué curioso que tantas mentes desatentas y desprevenidas solo encuentran explicación en las casualidades de la vida o en un ignoto destino genético. También hay intelectos aparentemente sofisticados que prefieren discurrir entre causalidades meramente especulativas que no tienen principio ni fin.

Despertar los sentimientos congelados es y será siempre el punto de partida para cualquier ser humano que decida emprender un camino de autotransformación y sanación. Necesitamos encontrarnos con nuestra verdad desde la perspectiva infantil, una verdad que no se interpreta ni se intelectualiza, como lo sigue haciendo todavía hoy la sociedad a través de sus especialistas, psicólogos, psicopedagogos, médicos, que solo ven desde la perspectiva del adulto.

Son los sentimientos los que nos ayudan a detectar el drama del niño enmudecido que llevamos dentro. Lo que nos sana es sentir y recuperar la vitalidad perdida, la que se oculta en cada sentimiento congelado por el miedo o el terror.

No hay atajos intelectuales, ni morales, ni espirituales en tanto no integremos esa parte oculta y profunda del iceberg. Todo lo que no reconocemos como propio lo proyectamos en los otros y, una vez más, nos condenamos al exilio de nosotros mismos y al eterno desencuentro con los demás.

Comer del fruto prohibido es poder acceder a esa verdad emocional que fue encarcelada por nuestra necesidad imperiosa de recibir afecto y no ser rechazados por quienes nos cuidaban. Es un acto de coraje y liberación de ese laberinto de falsedades que nos retiene en la ignorancia.

Como adultos, no estamos aquí para conquistar la aprobación de los demás, para conseguir que nos quieran, sino para que nos vean de manera verdadera, en nuestra íntima dignidad de ser lo que somos, porque solo así nos podremos ver, de verdad, unos a otros, sin los simulacros de ser buenos o aceptables, basándonos en una sumisión y adaptación fingida. Nada agota más que ir en contra de uno mismo.

Todo lo que daña y limita es la vida falsa que nos infligimos a nosotros mismos o a los demás; lo verdadero es lo que libera, nos protege y nos nutre; entonces sí, nos abrimos a un nuevo amanecer con asombro y curiosidad.

No hay sendero en el bosque: la sacralidad de la Vida es poder elegir, inventar y crear nuestro propio camino.

Cuando dejo de ser un enigma para mí y de deambular en busca de respuestas prefabricadas por otros, cuando realmente puedo sentir lo que me duele, lo que me llena de ira o de rabia, lo que me alegra de verdad, cuando sé lo que necesito y lo que no deseo de ninguna manera para mí, cuando elijo lo que me nutre y no lo que me debilita, entonces sí puedo amar mi vida, disfrutar de mis decisiones, aprender lo que aún no sé y vivir con entusiasmo mi propia, mi verdadera vida.

Estamos aquí para experimentar algo potente, y somos nosotros mismos los que nos tenemos que autorizar para plasmar esta experiencia digna y gozosa de ser humanos. No hay fruto prohibido para el alma que quiere volar.

Madurar es despertar a la Vida

Los cielos siempre están abiertos para quienes despiertan. Despertar es ver, y cuando vemos, ocurren los milagros.

Donde es necesario estar

Sé dulce conmigo, sé gentil.
Es breve el tiempo que queda
luego seremos
estelas luminosísimas
y cuánta nostalgia tendremos
de lo humano, de lo imperfecto
como ahora tenemos de lo infinito.

MARIANGELA GUALTIERI

«Aquello que somos es precioso», dice la poeta, pero ¿cómo descubrirlo con tanto polvo en los ojos?

Navegamos entre la idealización romántica de lo humano o su demonización, atrapados en los extremos que impone toda polarización.

Todas nuestras máscaras de dolor esconden un sutil o grotesco rechazo a la Vida. ¿Por qué la rechazamos? Por la falta de amor y de afecto con la que hemos crecido y con la que nos seguimos tratando a nosotros mismos, porque aún no hemos conocido otra cosa.

¿Cómo podemos amar la Vida si no nos amamos a nosotros mismos, nosotros que somos esa Vida que late dentro de nosostros, hecha de cualidades, que solo busca manifestarse con todos sus dones?

Hay un tesoro que nos iguala a todos y habita en nuestro interior; si lo manifestamos o no, es lo que nos diferencia a unos de otros. No puedo manifestar lo que no sé, lo que creo que no tengo y mucho menos lo que creo que no soy.

Nuestra mejor escuela es nuestra propia vida. Cada vida tiene su propio método, que es seguir los pasos del propio camino. Si nos ayudaran a cultivar el respeto por cada paso que damos apenas abrimos los ojos, creceríamos enraizados en nuestro potencial, donde florecen nuestros dones, y no viviríamos compensando su ausencia con tantas prótesis artificiales.

Solo se comprende de verdad cuando se comprende con la propia piel, el propio sentir y pensar, por más limitados que sean. No hay técnicas que puedan reemplazar lo que aprendemos por nosotros mismos, con nuestros aciertos y desaciertos constantes. Así es como vamos tamizando lo verdadero de lo falso y nuestros ojos detrás de los ojos se abren a lo esencial.

Lo verdaderamente transformador es el propio viaje. Lo que de verdad importa es recorrer el propio camino, aprender y despertar con cada experiencia que vivimos. Nadie puede protagonizar la vida por mí. Solo yo puedo responder a las preguntas que la vida me plantea.

La sabiduría no está en los libros, en las aulas, en un máster ni en los maestros que buscamos. La sabiduría está en la propia experiencia de vivir; no nos podemos ahorrar la Vida con sus procesos, sus experiencias y caminos. La Vida vivida y elegida contiene las semillas de los frutos que tanto anhelamos.

Necesitamos las experiencias para aprender y todos necesitamos aprender a ser, antes que nada, humanos.

La orfandad emocional

El sufrimiento no es una virtud, es una herramienta para despertar del letargo en el que vivimos. Despertar es sencillamente empezar a ver, sentir y comprender lo que acontece dentro de nosotros, porque las respuestas que buscamos florecen en nuestro propio jardín interior.

¿Por qué nos asusta tanto, hasta casi paralizarnos, el mirar dentro de nosotros? Es justo allí donde hemos ido acumulando mucho de nosotros, de nuestras pequeñas y grandes verdades emocionales, esas historias no comprendidas y que seguimos repitiendo por ignorancia y no por elección. Hasta en los malestares físicos nuestro sufrimiento no comprendido busca una manera de manifestarse. El cuerpo guarda nuestros mayores secretos y es un gran aliado para revelar esas verdades que han permanecido ocultas por tanto tiempo.

Tarde o temprano, todo lo que quedó oculto en nuestro interior tiene que salir a la luz, no para oprimirnos y sufrir, sino para abrir y liberar nuestra esencia, hecha de luz y claridad.

Es asombroso observar los grandes avances tecnológicos en materia de comunicaciones, y los enormes descubrimientos a nivel científico, y sin embargo, es sorprendente cómo nuestra interioridad —nuestra mayor fuente benefactora— permanece aún inexplorada. Y mucho más asombro produce, casi perplejidad, observar un sistema educativo que sigue anclado en una mirada meramente externa y superficial. Ni padres ni educadores enseñan a conectarnos con lo más importante de nosotros: nuestra singularidad afectiva, psíquica y espiritual.

Nuestra orfandad emocional está hecha de miedos: hemos crecido solos, aislados y separados de nuestro mundo interior.

En nuestra interioridad hay capas que se superponen unas a otras; la capa geológica más antigua está en nuestro inconsciente personal, indisolublemente unido al inconsciente colectivo, porque todo es un tejido de unidad, aunque no seamos conscientes de ello.

Así como hay etapas evolutivas que no se pueden saltar en nuestro desarrollo, hay un orden madurativo en nuestra vida personal. Lo primero es el equilibrio emocional y afectivo; ¿dónde se encuentran esas cargas emocionales del pasado con sus dramas congelados, que tanto nos hacen sufrir?

Madurar es un largo camino de integración de todas las capas que nos conforman. Integrar significa no dejar nada fuera de nosotros mismos, abarcar todas las facetas de nuestra existencia. Para integrar es necesario comprender que todo puede ser materia preciosa para nuestro crecimiento interior.

Lo más problemático y perturbador es nuestro mundo emocional y afectivo que comúnmente se denomina negativo. Es lo que llevamos con nosotros vayamos donde vayamos. Lo proyectamos en nuestras relaciones y en todo lo que concierne al pequeño mundo que nos rodea.

La emocionalidad y el inconsciente van de la mano. Nuestro archivo histórico personal se va grabando en nuestro inconsciente a través de nuestras emociones y sentimientos no vividos, aquellos que nos vimos obligados a cancelar por miedos, inhibiciones y situaciones traumáticas que no pudimos asimilar en su momento.

Lo que se rotula como «negativo» es un vacío, pero ¿un vacío de qué? De emociones, sentimientos y experiencias que no culminaron su proceso. Todo en la vida tiene un inicio, un desarrollo y un final, incluidas las emociones, los sentimientos y aquellos asuntos que quedaron pendientes porque su despliegue fue interrumpido.

Si desde pequeños nos enseñaran que las emociones y los sentimientos no representan un peligro para nuestra salud ni para nuestro crecimiento, sino que son pulsaciones vitales que nacen, se desarrollan y mueren como cualquier otro proceso vital en este plano de la existencia, «gestionar las emociones» —término tan en boga hoy— debería significar simplemente permitirles ser dentro de nosotros: sin manipularlas, sin reprimirlas por miedo y sin descargarlas ciegamente en los demás por el mismo miedo que nos impide legitimar nuestros sentires más profundos.

Si nos tomáramos el tiempo para acompañarnos en nuestro sentir, descubriríamos mucho sobre nosotros mismos y nuestra biografía, sin necesidad de recurrir a los «oráculos modernos» que proliferan por todas partes.

Nuestro inconsciente es el niño que aún no completó su niñez, porque quedó trunca y no culminó la propia maduración. Gran parte de la riqueza y la potencia de nuestro sentir profundo quedó encapsulada en el tiempo, y con ella, nuestros vitales descubrimientos.

El niño interior es el arquetipo del niño herido. Encierra todo lo que tuvimos que retener forzosamente en nuestro interior como estrategia de supervivencia para no perder el alimento emocional que necesitábamos en su momento.

Son gotas de memoria cristalizadas en nuestro inconsciente, que se cuelan en nuestra vida de todos los días, cayendo una a una, a través de nuestras tristezas incomprensibles, llantos inesperados, rabia insospechada que desacomoda y desplaza esa calma aparente que creíamos haber conquistado de una vez por todas. Gotas de memoria que nos recuerdan que hay un niño o una niña esperando nuestra mirada, nuestra presencia atenta, cálida y tierna.

Nuestro «niño interior» es el que no maduró, es el que se forjó con las heridas que bloquearon su crecimiento.

La orfandad emocional es la biografía humana de la inmensa mayoría de los adultos que habitan y gestionan este mundo. El problema es que la gran mayoría lo ignora y permanece encerrada de por vida en un laberinto del cual no sabe cómo salir. Hemos crecido y vivido casi siempre de cara al exterior. Apenas escuchamos algún susurro de dolor en nuestro interior, huimos y nos alejamos una vez más de la única fuente que nos puede otorgar lo que siempre buscamos.

Todos llevamos dentro un «niño huérfano» que se siente abandonado, en soledad, con un profundo vacío y tristeza; hasta podemos escuchar su llanto o su eterna queja interior, que no nos permite experimentar la plenitud, la unidad y la paz.

Ese «niño huérfano» nace con heridas profundas, que lo ahogan en miedos y marcadas inseguridades. Es quien hace de todo para ser visto, buscando reconocimiento, aprobación, amor, abrazo, cobijo. Busca desesperadamente quien lo adopte y le preste atención, para finalmente poder sentirse digno, acogido, seguro.

Un niño que, avergonzado de sus emociones y sentimientos, se fue alejando de sus necesidades, despojándose gradualmente de su rica vitalidad.

La exigencia sin límites, la severidad, la rigidez moral del mundo adulto nos hablan del fatal distanciamiento de ese niño que llevamos dentro y de cómo nos disociamos de los sentimientos y necesidades propias.

¿Por qué los padres y las madres de la infancia siguen siendo los padres y las madres de la infancia, así sus hijos hayan atravesado ya la adolescencia y hasta la misma adultez?

¿Por qué los hijos siguen siendo los hijos de la infancia, proyectando sus carencias en todo tipo de relaciones, con la ilusión de hallar esa madre y ese padre que siempre anhelaron y no tuvieron o que perdieron y buscan reencontrar?

Vivir en este estado de inconsciencia es vivir en el olvido de lo que somos y no comprender que la vida es un proceso de verdadero autodescubrimiento y autotransformación.

La mayoría de las personas creen que vinieron únicamente para sobrevivir y la vida se escurre por los costados de la existencia, sin que reconozcan el enorme potencial que anida en su ser.

El «niño huérfano» que llevamos dentro seguirá gobernando nuestra vida, con sus gritos y susurros, mientras nuestra búsqueda desesperada de «padres adoptivos» se proyecta hacia fuera, en todas nuestras relaciones.

Dejar de buscar fuera es dejar de estar a merced de los demás, dejar de pagar un precio costosísimo por la aprobación de otros, por sus halagos, por sentirnos importantes, merecedores y dignos de amor.

No son los otros los que determinan lo que valemos, lo que somos, lo que merecemos, los que pueden colmar nuestros vacíos y carencias, y mucho menos hacerse cargo de nuestra existencia.

Cuando maduremos en nosotros el amor incondicionado que se abre paso en nuestro interior para dar calor e iluminar los rincones más oscuros donde se ha refugiado nuestro «niño huérfano», no será necesario seguir mutilando sus sentimientos y necesidades, sumiéndolo en el abandono.

Ser nosotros nuestra propia madre y nuestro propio padre interior, que den cobijo con todo el calor, el sostén y el coraje de un amor sin condiciones, es descubrir la potencia que emanamos cuando nos hacemos cargo de nuestra propia vida, porque todo lo que nos acontece por dentro y por fuera es un llamado de nuestro ser esencial.

Ese mismo amor que hubiésemos necesitado desde el comienzo es el que la Vida nos llama a desarrollar en nosotros y por nosotros, para seguir creciendo y otorgarnos la dignidad de ser quienes somos, con nuestros mejores anhelos y dones.

¿Quién puede hacerlo por nosotros?

El verdadero nacimiento es cuando nos atrevemos, por fin, a nacer de «parto propio».

Sensibilizarnos con nuestro «niño huérfano» no significa hundirnos en su fragilidad y vulnerabilidad, ni victimizarnos, sino escuchar su sentir, sus necesidades, acogerlo y guiarlo hacia la expresión de todos esos dones que el frío emocional ocultó y oscureció.

El camino de la madurez y el crecimiento es completar, paso a paso, lo que quedó bloqueado o interrumpido en nuestra existencia. Todo lo que nos trae la Vida es siempre una oportunidad de crecimiento, nada es inútil.

Crecer es ampliar la consciencia de nuestros recursos internos y, poco a poco, dejar atrás nuestra dependencia infantil para conquistar autonomía en el sentir, en el pensar y en el vivir; es la fuente de nuestra verdadera alegría interior.

Nuestra inteligencia primordial

La luz abarca mucho más que la oscuridad, aunque nos hemos pasado la vida creyendo lo contrario.

Nuestra verdadera naturaleza no consiste en pensar, sino en ver. La razón fue llenando con miles de pensamientos —ni siquiera nuestros, en su gran mayoría— los recovecos de nuestro intelecto y fue opacando una luz mucho más potente que todos los razonamientos posibles. La razón sola no puede otorgarnos el don de la comprensión; la mente se agota interpretando, elucubrando teorías de la realidad, pero no la ilumina.

La atención es nuestra inteligencia primordial, es ese foco que pone luz donde no la hay. El milagro ocurre cuando uno ve y para ver es necesario prestar atención.

La autotransformación comienza cuando empezamos a vernos a nosotros mismos. Hemos gastado demasiado tiempo en atender el mundo externo y la vida de los otros.

«No tengo noticias de mí desde hace tiempo», decía Alda Merini en un maravilloso verso.

No nos enseñan a dirigir nuestra atención hacia nuestra interioridad. De esta manera, es el inconsciente el que nos manda y gobierna. ¿Y quién gobierna nuestro inconsciente, sino el «niño huérfano», con sus emociones y sentimientos no vividos?

Allí donde se apoya nuestra atención, allí nos anclamos, tanto si somos conscientes como si no. ¿Dónde está mi anclaje real?

Hay un libro vivo y abierto en mi interior y, sin embargo, seguimos leyendo vidas ajenas e historias que no nos pertenecen.

¿Soy testigo de mí mismo, de mis propios procesos vitales, de lo que pienso, de lo que siento y de cómo actuo? ¿O vivo en la dispersión, en la distracción y en la desatención, alejándome cada vez más de mi ser esencial?

Tan distanciados estamos de nosotros que nos vemos obligados a silenciar y ocultar a ese «niño huérfano» que nos susurra y nos grita todo el tiempo y vive a la espera de nuestra escucha, de nuestro abrazo y comprensión para que pueda seguir madurando.

«¿No veis que vuestra madurez exterior es una ficción y que todo lo que podéis expresar no corresponde a vuestra realidad íntima?», decía Witold Gombrowicz.

La disociación entre lo emocional y lo cognitivo, entre lo racional y nuestro mundo afectivo, lo convierte todo en un instrumento de engaño. Creamos divisiones falsas, separando la vida privada de la vida pública, las obras del ser que las produce; es la ceguera emocional la que genera esta dualidad que fragmenta y confunde.

La sociedad está poblada por «niños huérfanos» que se escudan en ideologías, en teorías abstrusas, convirtiéndolas en corazas defensivas; individuos que no logran unir de un modo más estrecho esos dos mundos, el mundo emocional infantil inconsciente con la adecuación a la madurez del momento, nuestra parte consciente.

La realidad nunca miente. Por más que finjamos madurez, el mundo es bien distinto de todas las declamaciones y propagandas políticas, culturales y religiosas.

Una mente despierta cuando empieza a darse cuenta del estado hipnótico en el que vivió sumergida hasta ese momento. Vivimos hipnotizados con el afuera, sin relacionarlo con lo que se celebra en nuestro interior: la raíz de todas las deformaciones y disfunciones humanas habría que buscarla en el grado de disociación que todos padecemos.

La autoobservación consciente es la herramienta más poderosa que está en nuestras manos. No necesitamos ninguna autorización externa ni certificación ajena para poder observarnos.

Observar, sentir, mirar ese sentir, no con lástima, juicios o condenas; solo prestar atención a todo lo que está vibrando dentro de nosotros y tiene tanto para enseñarnos. ¿Hay alguna otra tarea más intensa y humana que esta? Nadie puede hacerlo por nosotros, ni siquiera la psicoterapia más prestigiosa tiene efectos beneficiosos si no se cuenta con esa herramienta fundamental e insustituible.

Habitar nuestro cuerpo, nuestros sentires y nuestra mente es apenas el comienzo del viaje humano.

Un viaje que empieza y termina en cada estación de la vida; empieza y termina siempre en nosotros, por más fugas y evasiones que hayamos emprendido. Cada final de viaje es un nuevo comienzo, porque son muchos los paisajes internos que aún no hemos visitado y nos están esperando.

Perder el miedo

Hay un fondo común que nos une a todos los humanos, un potencial silencioso y fecundo que siempre está ahí, disponible para salir a la luz, aunque haya sido aprisionado por esos moldes duros y jaulas invisibles que llamamos educación.

No podemos enseñar nada que no hayamos comprendido en nosotros ni comunicar nada distinto de cómo vivimos realmente. A pesar de las máscaras con las que nos presentamos frente al mundo, nunca nos parecemos tanto a nosotros mismos como cuando intentamos ser distintos.

Para descubrir nuestros dones y manifestarlos, primero hay que despertar a nosotros mismos, a nuestra propia presencia silenciosa, que no necesita del parloteo mental. Es un silencio gozoso y sereno, como el del fondo del mar, que es testigo del oleaje emocional, pero no se pierde en sus vaivenes.

Las cualidades esenciales que todos buscamos con menor o mayor inquietud están en nosotros mismos, mucho más cerca que nuestra propia piel. Ya laten en nuestro corazón, en el calor del propio hogar interior del que nos fuimos demasiado pronto.

Como el sol, nuestro ser interior siempre está brillando. Son las nubes de tanta negatividad las que nos dificultan experimentar su calor e intensidad vital. El ser esencial se vislumbra en todo ser humano cada vez que se adentra en sí mismo a suficiente profundidad.

Despertar es ver ese fondo detrás de todas las apariencias, es escuchar el silencio que vibra detrás de las palabras, de las preguntas y de las infinitas voces que nos aturden. Despertar a la sabiduría que nos trae el descubrimiento de los propios dones es el mayor regalo que podemos dar a este mundo.

El factor constante

Existe en nosotros una agitación permanente que nos arrastra en nuestro diario vivir, que nos intranquiliza, perturbando nuestra serenidad. Es una inquietud que puede ser más difusa o aguda, que permea los estratos más superficiales o los más profundos, pero que en cualquier caso condiciona nuestra manera de estar en este mundo.

¿Qué hay detrás de ese estado de inquietud que tensiona nuestro cuerpo y va erigiendo corazas emocionales que nos impiden sentir lo que tenemos que sentir? Lentamente y sin que nos demos cuenta hay algo que contrae nuestro cuerpo, estrecha nuestra mente, y nuestro mundo íntimo se puebla de penumbras.

Y cuanto más inquietos, temerosos e inseguros nos sentimos, más pensamos. Y ese exceso de pensamiento no solo nos aleja de lo que sentimos, sino que además retroalimenta un circuito cerrado que estresa y enferma.

El miedo es el factor constante de todo nuestros desequilibrios y desventuras. El miedo es lo que tan tempranamente va ahogando las raíces de nuestra vitalidad prístina, el que nos desarraiga del fondo esencial que nos sostiene.

En la zona más oscura de nuestro inconsciente es donde se atrincheran nuestros miedos más profundos y limitantes; por eso mismo nos cuesta tanto entrar en nuestro mundo interno. Poder comprenderlo nos alentaría a trascender tanto juicio y tanta condena impiadosa a la hora de ir al encuentro de nuestra propia verdad.

En realidad, estamos traumatizados por el miedo, pero no lo advertimos. Preferimos diagnosticar con mil nombres, significados e interpretaciones todos sus rostros antes que captar el dolor que susurra o grita el miedo que nos habita. Somos niños asustados, cuando no aterrorizados, que buscan cobijarse al calor de una mirada tierna y compasiva.

«Yo no miro el hábito, miro el monje», decía Alda Merini.

La multiplicación de los diagnósticos no hace más que encorsetar el sufrimiento humano. No se comprende que las enfermedades, las más diversas disfunciones y distorsiones que irrumpen en nuestro devenir nos cuentan una historia íntima y personal de dolor. El dolor no se fabrica en serie, es la articulación original de la propia historia. Y una historia está hecha de memorias, son las memorias del miedo que escriben su recorrido en nuestro cuerpo, en nuestro corazón herido.

El miedo es una emoción básica asociada al instinto de supervivencia. Se activa cuando nos sentimos amenazados y nos impulsa a actuar, huyendo, atacando o paralizándonos.

Las emociones tienen una función sagrada, como todo lo vivo en este universo que conocemos. Son las mensajeras básicas de la vida que nos habita y nos preservan en nuestra integridad. Estar atentos a nuestro sentir nos da la sabiduría necesaria para aprender a encauzar nuestras emociones, en lugar de sofocarlas o controlarlas.

Quizá nuestro instinto de supervivencia sea el alfabeto más básico y rudimentario del amor en su búsqueda innata de preservar nuestra vida. Como toda herramienta, su función es provisoria; pero ¿qué sucede cuando deja de ser una herramienta al servicio de la vida y se convierte en un estado constante de opresión y supervivencia?

Vivir con miedo es vivir en estado de supervivencia. Es el origen de todo el estrés que subyace en cualquier enfermedad, sea que se manifieste en el plano físico o psicológico, todo en nosotros es lenguaje.

La mayoría de nuestros miedos se fueron cristalizando, uno a uno, en nuestra mente. Y a fuerza de alimentarlos con pensamientos y creencias de supervivencia, se transformaron en sentimientos crónicos que no solo nos bloquean, sino que se convierten en parásitos que carcomen nuestra energía vital hasta agotarnos. Y cuando la energía vital decrece, nos enfermamos.

¿Cómo se vive en estado de supervivencia? Nos sentimos amenazados, solos y perdidos; nos acorazamos con actitudes defensivas o de ataque. Nos perpetuamos en un estado de necesidad y carencia, nos victimizamos delegando nuestro poder en el afuera. Vivimos separados unos de otros y, sobre todo, de nosotros mismos.

Cuando nacemos, somos un cúmulo de necesidades, criaturas vulnerables y necesitadas a merced de lo que el mundo adulto que nos rodea pueda otorgarnos, de los nutrientes de su presencia atenta, cálida y acogedora, además del sustento físico.

¿En qué momento esas necesidades tan humanas como vitales se van convirtiendo en cadenas pesadas e invisibles, en carencias que nos empujan a buscar compulsivamente fuera el sustento propio a lo largo de toda la vida?

La nuestra es una civilización triste y llena de miedo; una cultura moldeada por el miedo y la dependencia. Siempre estamos dependiendo de algo o de alguien, desconectados de nuestro propio centro de gravedad, giramos alrededor de autoridades y poderes externos con una mentalidad colonizada por miradas empobrecedoras e indignas.

Seguimos siendo niños asustados y dependientes que se disfrazan de adultos y construyen una sociedad a su imagen y semejanza.

Donde hay miedo, hay dominación, lucha, control, competencia, victimismo, impotencia, rivalidad, desconfianza, sometimiento, crueldad y un gran arsenal de agresividad latente y manifiesta. La condición precaria y carente de nuestra condición humana sería menos enigmática si nos atreviéramos a mirar cara a cara nuestros temores inconfesados.

La educación que recibimos y la cultura que edificamos apunta a establecer el poder desde fuera y anular el poder interno que cada uno trae consigo y que es esencial para un desarrollo íntegro.

Proyectados con mayor o menor desesperación hacia el afuera, perpetuamos un mundo basado en la supervivencia, donde no hay lugar para todos porque son muchos los marginados y muy pocos los que se creen protagonistas y dueños de este espacio terrenal. Estos pocos y estos muchos viven atrapados por el mismo miedo, aunque no lo registren como propio.

Lo que no es amor es supervivencia. Solo en el amor hay lugar para todos y cada ser brilla a su modo con luz propia.

La libertad del «sí», la libertad del «no»

¿Quiénes éramos antes de que el mundo nos dijera cómo debíamos ser?

Entre el «debe» y el «haber» se cuela nuestra vida y crecemos a la sombra de nuestros sueños y anhelos de libertad.

El mejor teatro para mirar es el propio destino y la cantidad de veces que nos sentimos impotentes y sin la fuerza necesaria para tomar decisiones que nos faciliten un destino más benigno. Asombrosamente, nos da miedo descubrir la libertad que negamos tener.

¿Qué nos impide saborear nuestra íntima y poderosa libertad interior? La libertad es la simplicidad y la transparencia que nace con el alma infantil, la libertad del «sí» cuando es sí y la libertad del «no» cuando es no.

Es una brújula tan simple y poderosa que nos guía desde el comienzo, pero que dejamos de utilizar a fuerza de tantos «debería» y «no debería» para perdernos en laberintos ajenos. Desorientados y confusos, raramente elegimos y decidimos por amor a la vida y a nosotros mismos. Muy pronto nos adiestramos en el control y la manipulación de nuestros procesos vitales, en lugar de fluir con ellos.

Hay una forma de miedo que corroe nuestros deseos, nuestros sueños y nuestros sentires legítimos y nos petrifica en la inmadurez: la culpa.

La culpa es aprendida, al igual que los miedos psicológicos, y consume la mayor parte de nuestra sagrada energía vital. En una sociedad rígida y estandarizada como la nuestra, los sentimientos de culpa han hecho grandes progresos. Con subterfugios y de manera casi imperceptible, lo tiñen todo. Aun en los comportamientos más crueles y absurdos no hay ausencia de culpa, como muchos creen, hay una negación desesperada de su fuerza compulsiva y destructiva.

La culpa es la hija más oscura del miedo. No nos permite crecer y mucho menos resplandecer a la luz de la libertad. Entronizada en nuestra cultura desde todos los ángulos educativos, religiosos, políticos, científicos, no es más que el reflejo de nuestra inmadurez e ignorancia.

Deambulamos por este mundo como niños solitarios, ávidos de amor y apoyo; nuestra memoria emocional y corporal corre paralela al mundo supuestamente adulto que hemos edificado y cada vez más artificial.

¿Cómo mirarse en un espejo roto? Donde hay miedo y culpa, hay un bloqueo y una negación de nuestro potencial.

Así como el amor y la crueldad se excluyen mutuamente, lo mismo ocurre con el amor y el miedo. Lo contrario del amor no es el odio, sino el miedo. Donde hay miedo no puede haber verdadera libertad.

El miedo y la culpa son sentimientos propios de la inmadurez emocional, del niño asustado que sigue a la espera de nuestro abrazo amoroso y compasivo que le permita por fin retomar su vuelo.

Compromiso sagrado

El miedo es amor deshabitado. Vivir con miedo es vivir en el exilio de nuestro territorio sagrado. ¿De dónde surge una mirada tan negativa y sombría de lo que somos? El miedo nos impide hacer de nuestra interioridad un hogar cálido y seguro, que nos permita disfrutar de nuestra presencia. El miedo nos deja a la intemperie de nosotros mismos; la culpa es el cerrojo que bloquea la puerta de entrada a nuestra casa.

Nuestra esencia humana nos llama a ir más allá del mero sobrevivir. Vivir es elegir, tomar decisiones, asumir mis necesidades y darme lo mejor que puedo. Soy responsable de mí, ya no huyo, me integro.

Cada uno de nosotros es un pedacito de humanidad que late en nuestro corazón y es por donde tendríamos que estrenar nuestra capacidad de amar.

El mayor acto de amor empieza con nosotros mismos: es nuestro compromiso sagrado. Es darnos el permiso para recorrer nuestro propio camino de evolución, sin compararnos ni competir porque ya sabemos que afuera no hay donde aferrarse, todo es pasajero.

Cuando asumimos un compromiso de amor con nuestro propio crecimiento y madurez, nos apoyamos, nos escuchamos, nos abrazamos —suceda lo que suceda, estemos como estemos—, y confiamos, entonces naturalmente la ansiedad, el vacío y el temor a vivir se van desvaneciendo. Cuando de verdad maduramos y somos plenamente humanos ya no tenemos que desempeñar ningún papel de víctima porque tenemos opciones más íntegras y sanas, sin necesidad de negar la realidad.

Lo más importante no es el «deber ser», sino lo que la propia sabiduría del momento nos permite hacer.

Transformar el miedo en atención consciente es el primer paso; no es lo mismo estar atento que estar asustado. El amor cura el miedo y el amor, como la atención, es estar presentes con nosotros mismos ahí donde estamos y como podemos estar. No puede haber sanación ni autotransformación sin amor propio.

Nuestro amor propio también evoluciona con nosotros y va creciendo con nuestro «niño interior». Sus heridas duelen, y mucho, pero a la vez nos enseñan a abrazar nuestra pequeñez y nuestra vulnerabilidad, tan bastardeadas en nuestra cultura y en nuestra sociedad. Nos enseñan, sobre todo, que tenemos derecho a estar mal, a estar tristes, indignados o enojados, a sentirnos frágiles y necesitados de ayuda; todo lo que justamente tendríamos que abrazar en nosotros, en lugar de menospreciarlo.

Las heridas no son un lugar donde permanecer, están para mostrarnos lo que todavía no hemos amado en nosotros, esos aspectos que nos asustan porque los vemos oscuros y solo necesitan la luz y el calor que nosotros mismos podemos darnos.

El amor propio es lo más inspirador para otros en un mundo lleno de mendigos que ignoran su verdadero tesoro. Es nuestro verdadero sostén y nuestra legítima fuente benefactora. No necesitamos cerrarnos para no sentir —por miedo—, porque nuestra mayor protección es saber el potencial que tenemos y que somos.

«Ámame con cuidado, con tiempo, con espera. Ámame como aman los espíritus fuertes, sin pretensión, con fuego generoso, con fiesta», dice la poeta Mariangela Gualtieri.

No hay sendero en el bosque

Hay quien llega a la Montaña desde el sendero y hay quien llega desde el bosque.

En realidad, no hay diferencia de méritos, ya que lo importante es la Montaña.

Pero cuando aquellas almas que conocen los dolores y la alegría del bosque se encuentran, palpita una nueva creación.

Todo nuevo bajo el sol

No todo lo que reluce es oro; también hay diamantes. Lo mejor de las vidas posibles late en nuestro fondo esencial. Si no lo vemos o experimentamos es porque aún permanece aprisionado por memorias de dolor que parecen oscurecerlo todo.

Oculta en toda oscuridad siempre hay una semilla de luz. Lo que proyecta una sombra en nuestras vidas es nuestro pasado no asimilado, no comprendido. Vemos y padecemos únicamente los bloqueos y limitaciones, sin advertir que, aunque puedan retrasar el despliegue de lo que verdaderamente somos, jamás podrán anularlo.

Estamos indigestados con nuestro pasado. Lo que nos ata es no reconocerlo. Está lleno de sombras que encierran verdades proscritas, pero grabadas con precisión en cada célula de nuestro cuerpo y en recuerdos encriptados en nuestro psiquismo.

Los secretos que guardamos están para revelarse, son candados que deben abrirse para liberar lo que ya no nos pertenece, para de ese modo abrirnos a lo nuevo. No es eliminando o escapando del propio sufrimiento como crecemos, sino iluminándolo en sus rincones más oscuros. Este es nuestro poder esencial de autotransformación y sanación; un poder que subyace en toda alma humana.

Toda sombra merece ver la luz

> *No me deis cáscaras... busco el corazón directo, la sustancia fundante, el meollo desnudo de la piedra angular.*
>
> EDELWEIS SERRA

La cualidad más humana y poderosa es nuestra presencia consciente, atenta y compasiva frente a todo lo que nos sucede por dentro y por fuera.

Cada suceso en nuestra vida nos lleva siempre —más tarde o más temprano—, de vuelta a nosotros mismos, a nuestro mundo interno, porque es allí donde podemos vernos en la luz que hemos ganado y en la sombra que nos falta iluminar.

¿Cómo abrirnos a lo nuevo cuando todavía no nos hemos liberado de todo ese dolor rancio que carcome nuestra vitalidad y nuestros recursos más preciados?

No hay nada que esconder, nada de qué avergonzarse; no hay deudas que pagar ni castigos que soportar. Todos somos capaces de transitar el juego de nuestra existencia y poder transformarnos; estamos aprendiendo a ser humanos.

No hay nada más sanador que estar donde estamos, en la propia presencia, con la propia escucha, con la propia confianza que todo lo abraza.

Toda experiencia es valiosa, nada es en vano; cada situación que nos toca atravesar en nuestra vida es un llamado de nuestro ser más profundo para que florezcan nuestros dones, para que no los sigamos sepultando con tantos miedos aprendidos.

Frente a cada experiencia o vicisitud, por más insignificante o dolorosa que sea, nos defendemos o nos atacamos; es el miedo que nos lleva al victimismo y nos conduce a la impotencia, al autorreproche y a la culpa que nos empequeñecen. El miedo nos lleva a banalizar nuestro sentir más íntimo. Descreemos de nosotros mismos; no nos tomamos en serio, no legitimamos los mensajes y señales que nos susurran, desde lo más hondo, que estamos frente a una oportunidad para llegar allí donde el amor y el cuidado por nosotros mismos todavía no envolvió con su calor el frío de nuestra oscuridad.

No maduramos por pasar de una edad a otra, maduramos por nuestra capacidad de autoasumirnos: de poner luz, empatía y comprensión en cada aspecto que vamos descubriendo en nuestro proceso personal de crecimiento.

Todo lo humano necesita ser amado. Sobre todo cuando nos llega la noche y nos quedamos a solas con nosotros mismos, y el dolor crece; un dolor que no sabemos a dónde nos llevará. La mente deambula buscando sus porqués. Nosotros nos perdemos entre lágrimas de desasosiego y balbuceamos: ¿dónde está el sol ahora?

A todos nos llegan noches sin luna. Como escribió la poeta Olga Orozco, «la oscuridad es otro sol». No es tan solo una metáfora o un bello lenguaje poético, es la revelación de un mundo dentro de nosotros, y es lo que los miedos nos enseñan si nos atrevemos a enfrentarlos con paciencia y humildad.

Finalmente, la única elección importante es entre el temor y el amor.

Lo sombrío y lo oscuro en cada uno de nosotros son los velos de todos los miedos que nos mantienen en la ignorancia de nuestro gigantesco potencial, de la Vida que somos y de la que nunca podremos separarnos.

Necesitamos una gran humildad para reconocer nuestra vulnerabilidad y nuestra fragilidad; solo el amor y la ternura pueden llegar allí, donde reconocemos como propio cada fragmento de humanidad y lo integramos. Así nace la confianza que nos hace leales a nosotros mismos.

No hay vencedores ni vencidos, solo niños aprendiendo a descubrir que nuestro verdadero poder se oculta en las sombras.

Un sol sin sombra

> *Aquellos aspectos de las cosas que son más importantes para nosotros permanecen ocultos debido a su simplicidad y familiaridad. No somos capaces de percibir lo que tenemos continuamente ante los ojos.*
>
> LUDWIG WITTGENSTEIN

Nuestra mirada no es cristalina, está empañada por todo lo aprendido a lo largo de nuestra crianza, nuestra educación y una cultura miope que nos subyuga, manteniéndonos en las sombras de lo que somos.

La inocencia del niño descubre; nuestra ignorancia, en cambio, todo lo interpreta. Lo que nosotros llamamos verdad apenas son fragmentos de la realidad, comprensiones parciales. Pero cuando la soberbia y el miedo que la alimenta nos hacen creer que somos dueños de revelaciones mesiánicas —muy adoradas por las masas— la ceguera termina por oscurecerlo todo.

La verdadera inteligencia es ver, descubrir que todo está delante de nosotros cuando los abrimos bien. Es una luz que ilumina lo que hay sin manipularlo. Ya no hace falta, porque una vez que vemos, comprendemos, y actuamos con confianza, integridad y coherencia.

Entonces sí, la realidad es el espejo, el reflejo y la expresión nítida de quienes están dispuestos a verse en la verdad que hay detrás de cada sombra y reconocer la esencia de todo. Ya existe ese todo en el universo: el camino que aún no recorrimos, lo que anhelamos encontrar en nuestro andar, los sueños de un mundo más humano; lo único que cambia es nuestra apertura interior a la Vida y hacernos afines con todo ello.

Cuando despertamos a la Vida, a nosotros mismos, cuando deponemos las armas, porque esos antiguos miedos y esas ansias desbordantes se han ido disipando, entonces los ojos detrás de nuestros ojos se abren y comenzamos a ver que todo es nuevo bajo el sol.

Pequeño pájaro de la felicidad

La vida, tan inmensa como deslumbrante, es un misterio por descifrar que se despliega a cada instante ante nuestros ojos. Y en esta pulsación de vida que se despliega, en este mar de vicisitudes en el que navegamos, descubrimos, como podemos, el lugar en el que nos corresponde estar.

¿Cuál es la mirada en que latimos? ¿Qué vibra en nosotros, el miedo que nos bloquea o el amor que todo lo abraza?

No nos damos el tiempo que necesitamos para vivir lo que nos corresponde vivir; no vivimos viviendo, vivimos huyendo. ¿Hay otra forma de vida que no sea esconderse o defenderse?

Demasiada exigencia, demasiado control, demasiados juicios que condenan lo que sentimos, lo que hacemos, cómo actuamos; un exceso de miradas impiadosas e injustificadas que fagocitan nuestra vida con una enorme fuerza corrosiva.

Nos arrebatamos el tiempo que necesitamos para estar con nosotros, para volver a nuestra propia presencia silenciosa y receptiva; para sentir y pensar en profundidad.

¿Cómo podemos disfrutar el encuentro con los otros si estamos tan ausentes con nosotros?

«Desde que la humanidad existe, el hombre ha gozado demasiado poco de la vida. Es difícil vivir en la alegría, sencillamente porque el silencio y la quietud son arduos», reflexiona Ladislaus Boros.

El eclipse del milagro

En un mundo que masivamente nos empuja a uniformarnos y conformarnos con modelos preestablecidos de éxito y felicidad, enredados en meras convenciones sociales —superficiales y externas—, reconocer la originalidad de la propia vida se convierte en un acto de resistencia y afirmación de sí mismo.

Cuando la atención no está puesta en nosotros mismos, nos dispersamos y dejamos de tener esa claridad necesaria para reconocer, con humildad y transparencia, las cualidades que desarrollamos y que nos son propias y las carencias que nos muestran el camino que aún queda por recorrer.

Aceptar la vida con sus imperfecciones y sus momentos de incertidumbre —muy a menudo caóticos e incomprensibles—, habitar nuestras contradicciones y nuestras debilidades no significa sucumbir ni naufragar en ellas, es una invitación a vivir la vida con curiosidad y apertura y, sobre todo, con compasión y ternura. Porque cada devenir humano es único y original; y la originalidad no está en las apariencias de espectacularidad, como nos han hecho creer, sino en la propia sencillez de vivir.

La vida es sencillamente distinta cada día, un mosaico de experiencias que se entrelazan con alegrías y dolores, con aciertos y errores, con cansancios acumulados y energías renovadas; y al final cada uno responde, como puede, con su propia vida, y esto es lo que nos hace originales.

Nuestra dificultad es que estamos tan fuertemente condicionados, que no preguntamos, no cuestionamos, no ponemos en duda todo lo que la cultura ha creado a lo largo de los siglos. Nos hemos convertido en meros seguidores y conformistas.

La verdadera cultura significa crecer, florecer y no permanecer estancados en «odres viejos».

¿Puede cesar el temor que roe nuestro corazón, de manera que podamos vivir serenamente y con intensidad vital?

Cada recorrido existencial es único, pero prontamente lo vamos eclipsando: ¿somos conscientes de cómo batallamos contra nosotros mismos?, ¿cómo nos dañamos con pensamientos hostiles que ni siquiera son nuestros? Respiramos por la herida y a veces lo hacemos hasta asfixiarnos; buscamos ser de miles de formas en el triste olvido de ser nosotros mismos.

Seguimos viéndonos por el ojo de la cerradura, en lugar de ensanchar nuestra mirada, para vernos de una manera que nos devuelva el aliento y el coraje de ser quienes somos.

La libertad de poder ser

¿Con las palabras de quién me hablo? ¿Con los ojos de quién me sigo mirando? Hay miradas y dictados que, como voceros del pasado, dirigen gran parte de nuestra vida, y nuestra ciega lealtad nos ata a todo aquello que no nos permite ser.

En el libro del Eclesiastés se nos dice:

> Hay un tiempo para todo y un tiempo para cada cosa bajo el sol: un tiempo para nacer y un tiempo para morir, un tiempo para plantar y un tiempo para arrancar lo plantado; un tiempo para llorar y un tiempo para reír; un tiempo para lamentarse y un tiempo para bailar; un tiempo para abrazarse y un tiempo para separarse; un tiempo para callar y un tiempo para hablar.
>
> (Ecl. 3, 1-3; 4-5; 7)

Desde que nacemos, la vida es una sucesión de cambios, un viaje tan sagrado como asombroso: hallamos y perdemos, damos y recibimos, buscamos y esperamos. Es el movimiento circular de la vida biológica, psicológica y espiritual de todo ser humano.

Es la Vida misma en su movimiento que, si lo permitimos, nos dilata el alma, el corazón, la mente y nos ancla en nuestro verdadero ser.

Vamos dejando nuestros cuerpos del niño y del adolescente que fuimos para habitar nuevos cuerpos; nuestros cuerpos envejecen o se renuevan según lo aferrados que estemos a lo viejo o a lo nuevo que la Vida nos trae.

La sabiduría de la Vida siempre viene a buscarnos a nuestros escondites que creíamos refugios; a veces nos invita, y muchas otras, nos desafía, confrontándonos a lo que nunca hubiésemos podido imaginar por nosotros mismos. Hay quienes las llaman pruebas o tentaciones; en realidad son los regalos de consciencia que nos despiertan al potencial que aún nos falta desarrollar.

Siempre estamos tropezando con lo que no maduramos en nosotros mismos, aunque lo etiquetemos con mil nombres a nuestros dolores y sufrimientos. Seguimos tan apegados e identificados con los personajes que trabajosamente fabricamos en cada etapa de la vida, a esa autoimagen engañosa de lo que «debíamos ser», que nos hemos ido olvidando de los dones que ya eran nuestros. Solo necesitábamos darnos el permiso y el tiempo para desplegar nuestro propio esplendor.

Vivir encadenados a los «debería» y «no debería» es vivir de pretensiones y autoexigencias que buscan aparentar para conseguir una mirada piadosa que nos acepte y nos apruebe.

¿Dónde está la perfección que tanto se proclama? Nunca la encontraremos en el deber ser, sino en el Ser que ya somos. Nuestra perfección está en el proceso de ser, lo más valioso es el viaje y para disfrutarlo necesitamos volver a la libertad del poder ser. ¿Cómo? Mirándonos a nosotros siempre dentro de un proceso evolutivo: estamos aprendiendo, antes que nada, a ser humanos.

Hay una perfección intrínseca en todo el recorrido: ser niños cuando somos niños, adolescentes cuando somos adolescentes, adultos cuando llegamos a serlo, y así alcanzar la vejez habiendo saboreado la sabiduría de cada estación de la vida.

La coherencia está en ser lo que somos genuinamente en cada edad y no encogernos para ser leales a todos los «debería» que entorpecen e interrumpen la natural potencia de madurar.

La sabiduría profunda nunca nos pedirá que sacrifiquemos nuestra bienaventurada alegría y felicidad.

La vida merece la alegría

A medida que crecemos y nos hacemos adultos, se dibujan en nuestros rostros las penas y las dichas que tatuaron nuestras vidas. No es el paso del tiempo el que va endureciendo los rostros opacos, tristes y ensombrecidos de tantos adultos y ancianos; falta calor en nuestros corazones.

¿Y dónde está la alegría? En todos nosotros hay una vehemente necesidad de testimoniar la belleza y la alegría. Lo bello y lo alegre se reclaman mutuamente y lo contienen todo; absolutamente todo lo vivo y todo lo humano.

La vida merece la alegría cuando honramos lo que somos: cuando honramos nuestros deseos y nuestros sueños. El deseo como camino y no como renuncia, porque cada deseo es una semilla que necesita madurar y florecer a su tiempo, y con genuina alegría saboreamos sus frutos. Más maduramos, más refinados son los frutos.

No es el dolor en sí lo que nos impide ser genuinamente alegres, sino nuestra falta de sensibilidad y comprensión ante la inmensidad de la vida.

Es tan potente el don de la alegría que hasta puede acompañarnos, con sutil dulzura, en la tristeza más honda, en el dolor más agudo y hasta en la soledad más gélida.

«Aquel que quiere tener una alegría verdadera y permanente, tiene que sacarla de sí mismo», decía Séneca.

¿Quién enseña a volar a los pájaros? La verdadera alegría es un don que anida en nosotros desde que nacemos. Los niños nos la regalan con enorme espontaneidad, abundancia y transparencia, no piden recompensas ni les ponen precio a sus sonrisas generosas.

Pero ¿qué nos sucede a medida que vamos creciendo, para que esta resonancia tan preciada y vital se nos escape?

La alegría es la mayor muestra de gratitud hacia la vida cuando dejamos atrás las ataduras a programas y memorias de temor y restricciones.

Si estamos atentos y receptivos, la vida nos sorprende una y otra vez, y ese «pequeño pájaro de la felicidad» llamado alegría nos roza el alma y nos llena de un júbilo inefable.

¿Qué es el amor?

Recopilación

El amor es cuando vas a comer y le das un montón de patatas fritas a alguien sin esperar que te dé ninguna.

Lucas, 6 años

Es como cuando mi abuela tenía artritis y no se podía pintar las uñas, y entonces mi abuelo se las pintaba, aunque él también tenía artritis.

Rebeca, 6 años

El amor es cuando una chica se pone perfume y el chico la loción después de afeitarse; después salen y se huelen rico.

Martina, 5 años

El amor es lo primero que se siente, después viene la maldad.

Carlos, 5 años

El amor es cuando alguien te hace daño y tú tienes mucha rabia, pero no gritas para que no llore.

Susana, 5 años

El amor es esa cosa que te hace sonreír cuando estamos cansados.

Tomás, 4 años

El amor es cuando mi perro me lame la cara, aunque lo haya dejado solo todo el día.

Ana María, 4 años

No hay que decir nunca «te amo» si no es verdad. Pero si es verdad, hay que decirlo muchas veces. Porque las personas se olvidan.

Jésica, 8 años

Siempre estamos naciendo al amor

... y llueve en el corazón una dulzura inquieta.

EUGENIO MONTALE

Perdonen la tristeza y todo lo que ella viene a contarnos, con sus añoranzas y melancolías, con su nostalgia sin confines, con sus ganas de llorar sin saber por qué y con sus llantos desconsolados que parecen no tener fin.

Perdonen la ira y toda la rabia acumulada, el rencor y el resentimiento que crecieron cerca de un corazón salvaje, lleno de temores y agresiones no reconocidas.

Perdonen el miedo y el pavor tembloroso que nos dejaron a la intemperie de nosotros mismos y sin el calor de nuestro propio hogar.

Perdonen la fragilidad, el desorden propio de nuestra imperfección y la vulnerabilidad que nos vuelve pequeños.

Perdonen la apatía, la falta de curiosidad y el desinterés que, sin darnos cuenta, nos fueron envolviendo en corazas de indiferencia.

Perdonen la incertidumbre, la ignorancia no elegida y las dudas que aún no encontraron respuestas.

Perdonen la confusión y la desorientación, el deambular entre ilusiones vanas e ideales vacíos.

Perdonen los nubarrones densos y oscuros, que todavía no fueron alcanzados por los rayos de nuestro sol interior.

Todos nosotros, en nuestra íntima esencia y en el más profundo misterio de nuestra existencia terrenal, somos hambre y sed de amor.

Todos nosotros somos niños que estamos aprendiendo el alfabeto humano, estamos aprendiendo a amar.

Como el agua que fluye

Deja todo y síguete.

¿Cómo podemos emprender el viaje más importante, el de nuestra vida, si no aprendemos a estar con nosotros mismos?

El amor es estar presentes con nosotros mismos, ahí donde estamos y tal como podemos estar; abiertos y dispuestos a nutrirnos, apoyarnos y acompañarnos, pase lo que pase y hagamos lo que hagamos, tanto si acertamos como si nos equivocamos.

Atentos a todo lo que brota dentro de nosotros y receptivos a cómo el afuera lo refleja inexorablemente, asumiendo lo que proyectamos sobre los otros. Estar presente es aprender a reconocer en cada átomo de nuestro cuerpo, en cada rincón de nuestro psiquismo, nuestra esencia, ese soplo de Vida que pulsa nuestro potencial y que sencillamente vinimos a manifestar en esta tierra, en este mundo.

Ser maestros de nosotros mismos es vernos en nuestra luz y en nuestra sombra y darnos el permiso de recorrer nuestro propio camino evolutivo. Ser el testigo silencioso del propio caminar, atravesando tanto las noches de invierno como las cálidas noches de cielo despejado.

Nada sobra, nada falta; solo precisamos el coraje y la confianza que nos da el caminar con ojos bien abiertos.

Asumirnos en el momento evolutivo en el que estamos implica asumir el poder del amor propio, haciendo lo mejor que podemos en cada momento de nuestra existencia.

Entonces sí, cuando nuestra vida y no la de los otros empieza a estar en nuestras propias manos, cuando saboreamos las decisiones que tomamos por nosotros mismos en medio de tantas voces extranjeras, cuando elegimos la vida que queremos vivir sin llevar cargas ajenas, por fin acontece un milagro: como agua que fluye, nuestro corazón y nuestro Ser esencial se despliegan ante nuestros ojos llenos de asombro y gratitud. Porque ya no es necesario nadar a contracorriente, ni luchar para asegurarnos la mera supervivencia; nuestros hombros se alivian. Cada «sí» a la Vida es un miedo menos.

Empezamos a fluir con el orden del universo. Un orden armonioso, que trae lo nuevo de una manera simple y sin rigidez. Con gran soltura y a medida que dejamos de querer controlar todo con un esfuerzo que nos agota, los miedos y las ataduras se van desvaneciendo. Por fin se empieza a abrir paso ese soplo fresco, intacto, que experimentamos todos desde nuestros primeros latidos, pero que tan pronto olvidamos: el gozo de vivir.

La experiencia nos enseña que para evolucionar psicológica y espiritualmente todos los seres humanos disponemos de una sola y maravillosa herramienta: el encuentro con nuestra propia verdad. La única capaz de ayudarnos. La verdad nunca daña, por más dolorosa que pueda ser; lo que daña es la mentira.

¿Por qué, entonces, nos mentimos tanto, hasta el extremo de perdernos de vista a nosotros mismos? Crecimos con férreas creencias de perfeccionismo estéril, ahogándonos entre tanto «pretender ser» y «deber ser» para aparentar lo que los otros esperan que seamos, con la vana esperanza de llenar vacíos que ni siquiera son los nuestros.

No somos un proyecto terminado, estamos en camino. ¡Con cuántas autoexigencias, autoimposiciones y perfeccionismo inútil hemos bloqueado nuestro anhelo de libertad!

La libertad no está en el «deber ser», sino en la libertad del poder ser lo que somos en el propio recorrido; lo más valioso es el proceso en sí y poder disfrutar del viaje.

¿Es imprescindible sufrir para aprender o han sido la sobreexigencia y la sobreadaptación las que nos volvieron infelices?

Decirnos la verdad es vernos con claridad en los aspectos en los que sí hemos crecido y en los que aún nos falta por desarrollar, sin juicios ni condenas, sin negar ni evadirnos de nuestra realidad. En el instante en que asumo la realidad de lo que vivo, en la que estoy inmerso y la que reflejo, soy capaz de transformarla.

Verdad y libertad son una y la misma realidad.

Si realmente deseo liberarme de mis creencias, de todos los corsés ancestrales y familiares que me fueron limitando, antes que nada necesito reconocerme en ellos y asumirlos.

¿Asumo mi realidad o sufro con ella? Cuando empezamos a asumir cada fragmento de la realidad que vivimos, paulatinamente, sin atropellarnos ni paralizarnos, podemos trascenderla y abrirnos a lo nuevo.

La libertad de un individuo y de una sociedad no es el final del recorrido, sino lo que da inicio al verdadero camino de desarrollo y evolución humana, cuando estamos dispuestos a encontrarnos con la verdad de lo que hemos sido y de lo que realmente somos.

He aquí nuestra bienaventuranza.

Si el amor es amor...

La espera de amor no es amor, el amor por obligación no es amor. En el Amor todo es Presencia. Una Presencia clara, gozosa y potente, así estábamos de presentes la última vez que fuimos niños.

La última vez que fuimos niños, antes de que las heridas del abandono, del rechazo, de la injusticia, de la humillación y de la traición cristalizaran sus memorias de dolor y sufrimiento. Memorias en las que quedamos atrapados, que creímos que eran nuestro destino.

¿Alguien alguna vez nos ayudó a comprender que no somos nuestras heridas, sino lo que aprendemos de ellas? Cada herida viene a recordarnos la falta de amor hacia nosotros mismos.

Cada abandono es una invitación a no abandonarnos más, a no dejarnos de lado e ignorarnos; cada rechazo nos invita a aceptarnos sin condiciones, sobre todo en lo que más odiamos de nosotros mismos. Cada injusticia es una invitación a ser comprensivos y empáticos, antes que nada con nuestras acciones y sus resultados. Cada humillación es un llamado a respetarnos y a valorarnos, y cada traición nos llama a ser leales a nosotros mismos, honrando nuestros deseos y nuestros sueños.

Si el amor es amor, todo lo cura. Y el tiempo se convierte en nuestro aliado, no hay prisa ni apremios.

¿Cuándo fue la última vez que fuimos niños? Antes de que los miedos levantaran barricadas y bloquearan gradualmente nuestra pulsión de vida infinita y eterna.

Antes de que nuestros ojos inocentes, abiertos y llenos de asombro, se eclipsaran por temores ancestrales, por las ansias de tantas huidas fallidas.

La última vez que fuimos niños amábamos, disfrutábamos de la vida y todo nos llegaba por añadidura.

Dice la poeta Mariana Docampo:

> Yo elegí el nacimiento.
> La vida era un campo fértil,
> el cosmos vibrante
> y la infancia,
> una promesa de eternidad.

El abrazo

Vivir, vivir, vivir... abrazándolo todo y en cada abrazo descubrir la sacralidad de la Vida en todas sus manifestaciones.

Todo lo que vivimos es temporal, pero no por eso es menos valioso. Cada partícula de humanidad contiene el reflejo de la evidencia que aún no vemos, son apenas huellas de la inmensidad por descubrir.

Así como cada semilla contiene ya el árbol, en cada instante de nuestra existencia hay semillas que contienen nuestro potencial todo entero, semillas que solo buscan germinar y salir a la luz.

Nuestro ser más íntimo es el que sabe el tiempo que necesitamos para florecer.

> «¿Dónde las risas, las mariposas que señalan el camino para volar?
> ¿Dónde se queda agazapada la libertad?
> ¿Dónde la humanidad?»

CARMEN SÁNCHEZ ÁLVAREZ

Nuestro niño lo sabe porque la última vez que fuimos niños nuestro corazón era puro e inocente; era aventurero y estaba dispuesto a aprenderlo todo. Nuestra singularidad era nuestro esplendor.

Ese niño no se fugó ni se ha extraviado; detrás de todas nuestras máscaras de dolor se fue escondiendo hasta adormecerse. Se durmió para no cansarse de tanta espera.

Solo espera nuestro amoroso abrazo, un abrazo que nazca del corazón.

Abrazarnos con ternura y delicadeza, abrazar todo lo que no fue y hubiésemos querido que fuera, abrazar los vacíos de amor que dejaron las ausencias. Abrazarnos con el corazón porque el corazón es nuestro portal de integración. Asumirnos como niños que dulcemente vuelven a despertar, que no temen porque saben que la noche ha pasado y que nuestra presencia amorosa lo ilumina todo.

Asumirnos como niños que atraviesan esta vida, atentos y alegres, con espíritu despierto y disfrutando el camino.

Asumirnos como niños que viven más de la esencia que de apariencias, habitando lo invisible sin necesidad de nombrarlo.

Entonces sí, una sonrisa interior nos abraza a nosotros.

Entonces sí, habitamos nuestro propio hogar.

Sobre la autora

Ángela Sannuti nació en Buenos Aires, en el año 1957. Es licenciada en Psicología por la Universidad Católica Argentina. Comenzó a ejercer la profesión en Roma, para asentarse luego en Buenos Aires, donde ha desarrollado su investigación y su trabajo psicoterapéutico hasta la actualidad.

En su extensa carrera profesional, además de la consulta privada, ha viajado por toda la Argentina realizando talleres grupales con las más diversas comunidades. Desde sus inicios se ha dedicado a su gran pasión: investigar y divulgar el conocimiento. Su espíritu curioso la ha llevado a estudiar las más variadas opciones terapéuticas, desde el psicoanálisis, psicodrama, terapia sistémica y comunicacional, transpersonal. Y las variaciones que derivan de estas fuentes terapéuticas.

Ha escrito numerosos artículos para revistas prestigiosas, como *Criterio*, impartido charlas y talleres y participado en programas radiales.

Su motivación más profunda ha sido siempre compartir un espacio de aprendizaje y crecimiento para espíritus libres y corazones abiertos. Para ella, la psicología no es patrimonio de los psicólogos, sino de la gente. En sus palabras: «El saber más profundo nos abre el camino a la sabiduría y la comunión con todos nuestros semejantes».

Bibliografía

Estos autores han sido y son apenas algunos de todos mis interlocutores, entrañables compañeros de viaje que me siguen ayudando a crecer y a madurar en esta maravillosa aventura de ser humanos. Aquí se sugieren algunas de sus obras más importantes:

BLAY, A., *Ser: Curso de psicología de la autorrealización*, Editorial Índigo, Barcelona, 1993.

—, *El trabajo interior*, Sincronía Editorial, Barcelona, 2016.

—, *Personalidad y niveles superiores de consciencia*, Sincronía Editorial, Barcelona, 2016.

—, *La personalidad creadora*, Índigo, Barcelona, 1993.

CAVALLÉ, M., *La sabiduría recobrada*, Editorial Kairós, Barcelona, 2011.

—, *El arte de ser*, Editorial Kairós, Barcelona, 2017.

DOLTO, F., *Las etapas principales de la infancia*, Editorial Paidós, Barcelona, 1994.

—, *Les chemins de l'éducation*, Éditions Gallimard, París, 1994.

—, *La dificultad de vivir*, Gedisa, Barcelona, 2000.

GUALTIERI, M., obra poética publicada por Editorial Einaudi en italiano.

Hawkins, D. R., *Dejar ir: El camino a la liberación*, Editorial El Grano de Mostaza, Barcelona, 2014.
—, *Curación y recuperación*, Editorial El Grano de Mostaza, Barcelona, 2015.
—, *El ojo del yo: Del que nada está oculto*, Editorial El Grano de Mostaza, Barcelona, 2016.
—, *Yo, realidad y subjetividad*, Editorial El Grano de Mostaza, Barcelona, 2017.
Krishnamurti, J., *La totalidad de la vida*, Editorial Kier, Buenos Aires, 1990.
—, *El espejo de la relación*, Editorial Kier, Buenos Aires, 1991.
—, *El origen del conflicto*, Editorial Kier, Buenos Aires, 1992.
—, *Percepción sin opciones*, Editorial Kier, Buenos Aires, 1993.
—, *El observador es lo observado*, Editorial Kier, Buenos Aires, 1994.
Lispector, C., *Un soplo de vida*, Editorial Siruela, Madrid, 1999.
—, *Todos los cuentos*, Editorial Siruela, Madrid, 2016.
—, *Todas las crónicas*, Editorial Siruela, Madrid, 2021.
De Mause, Ll., *Historia de la infancia*, Alianza Editorial, Madrid, 1982.
Merini, A., *Clínica del abandono*, Editorial Bajo la Luna, Buenos Aires, 2003.
—, *La otra verdad. Diario de una diversa, Mármara Ediciones,* Madrid, 2019.
—, *Cuerpo de amor: Un encuentro con Jesús*, Editorial Vaso Roto, Madrid, 2009.
—, *Magnificat: Un encuentro con María*, Editorial Vaso Roto, Madrid, 2009.

—, *La carne de los ángeles*, Editorial Vaso Roto, Madrid, 2009.

Miller, A., *El drama del niño dotado*, Tusquets Editores, Barcelona, 1979.

—, *Por tu propio bien*, Tusquets Editores, Barcelona, 1980.

—, *El saber proscrito*, Tusquets Editores, Barcelona, 1981.

—, *La llave perdida*, Tusquets Editores, Barcelona, 1988.

—, *La madurez de Eva: Una interpretación de la ceguera emocional*, Ediciones Paidós, Barcelona, 2002

—, *El cuerpo nunca miente*, Tusquets Editores, Barcelona, 2004.

Orozco, O., *Poesía completa*, Adriana Hidalgo Editora, Buenos Aires, 2012.

Pizarnik, A., *Poesía completa*, Editorial Lumen, Barcelona, 2016.

Schmedling Torres, G., enseñanzas y principios desarrollados en sus talleres y manuales.

Sitta, G., *Tutti all'Inferno. L'alchimia nella Divina Commedia: il viaggio dell'uomo verso sé*, Le Due Torri, Bolonia, 2018.

Spinoza, B., *Tratado teológico-político*, Ediciones Altaya, Barcelona, 1994.

Weil, S., *La gravedad y la gracia*. Editorial Trotta, Madrid, 1993.